국내 최초 반려동물 수제간식 전문서
반려동물 수제간식 전문가 자격증(1·2급) 동시 준비

도전 한 권으로 반려동물 수제간식 정복하기

한국문화교육원 지음

양림출판사

머리말

최근 반려동물에 대한 인식이 개선되고 그에 따라 반려동물 시장이 급성장하고 있다. 경제 발전과 더불어 소득 수준과 시민 의식 수준 증가, 다양한 서비스, 여가생활의 증가로 반려동물에 대한 서비스도 더욱 세밀화되고 있다. 중소기업, 대기업 가릴 것 없이 앞다투어 반려동물 시장에 뛰어들어 소비자들의 시선을 끌고 있다.

그에 따른 반려동물 시장은 반려동물과 함께할 수 있는 여가생활, 먹거리까지 다양하다. 반려동물과 함께하는 여행, 펫캉스, 외식을 더불어 반려동물 전용 호텔, 미용, 유치원, 병원, 장례식 등 반려동물 시장은 프리미엄 서비스, 맞춤형 서비스를 제공하여 반려동물도 인간이 누릴 수 있는 서비스와 동일하게 누리고 있다.

최근 한국에서는 1인 가구 증가와 기대수명 증가로 반려동물과 함께하는 가구가 늘고 있는 추세이다. 단순히 애완동물에 그치는 것이 아니라 인간과 함께하는 삶에 있어서 든든한 동반자이며 한 가족의 구성원으로서 자리매김하고 있다.

특히 한국에서 반려동물로 가장 많은 수를 차지하고 있는 개는 품종별, 크기별, 나이별로 기능성 사료부터 간식까지 아주 다양하게 이루어져 있는 것을 볼 수 있다.

이러한 수요에 맞추어 한국문화교육원은 반려동물 간식을 직접 조리하고 영양과 건강을 고려한 기본서로서 교재를 출판하였다. 가정에서 쉽고 간편하게 만들 수 있는 레시피로 반려동물에게 더 나은 삶의 질 상승을 기대하도록 함이다.

본서는 반려동물에 대한 기본적인 지식과 다양한 식단구성을 위한 길라잡이가 될뿐더러 반려동물 수제간식 전문가 자격증 취득을 위한 지침서로 활용되어 국내 반려동물 산업의 발전에 기여되기 바란다.

마지막으로 출판되기 위해 도움을 주신 양림출판사 대표님과 이하 직원, 자료수집과 레시피 연구 등 처음부터 끝까지 함께 해주신 김미양 선생님, 한미숙 선생님, 공민혜 선생님, 장수지 선생님, 조현정 선생님께 감사의 인사를 드린다.

2021.07.13. 한국문화교육원

차례

반려동물 수제간식 전문가 1급

반려동물 수제간식 전문가 2급

제1장
반려동물의 이해

제1절 반려동물의 정의

애완동물이란 일반적으로 좋아해서 가까이 두고 귀여워하며 기르는 동물을 말하는데, 최근에는 사람과 더불어 살아가며 사랑을 주고받는다는 의미에서 반려(伴侶)동물이라고 한다.

반려동물(Companion Animal)이라는 용어는 1983년 10월 오스트리아 빈에서 열린 '인간과 동물의 관계에 관한 국제 심포지엄'에서 "애완동물"이란 말 대신 사용하기로 제안해서 미국, 유럽, 일본 등 대부분의 국가에서 사용되고 있다.

현재 우리나라의 농림축산식품부의 각종 동물 관련 단체에서 "반려동물"이라는 용어를 사용하고 있지만, 아직까지는 애완동물이라는 용어가 더 일반적으로 사용된다.

제2절 반려동물의 보호와 관리 필요성

반려동물에 대한 관심이 증대되면서 반려동물을 기르는 가정이 급속히 증가하고 있다. 반려동물을 기르는 것이 일상화되고 반려동물에 대한 긍정적 인식이 많이 확산되

었음에도 불구하고, 한편으로는 반려동물에 대한 인식 부족과 보호조치 미흡으로 인해 반려동물과 사람 모두에게 부정적 영향을 끼치는 경우가 종종 있다.

즉 반려동물이 버려지거나[유기(遺棄)] 학대받는 등 생명과 안전을 위협당하거나 애완동물 관리의 소홀로 인해 사람들이 불편을 겪는 사례가 늘어나고 있는 것이다.

따라서 사람과 반려동물의 행복한 공존을 위해서는 반려동물의 생명과 안전을 보호하고 그 복지를 증진하기 위해 노력해야 하며, 반려동물의 적정한 관리를 통해 다른 사람에게 피해를 끼치지 않도록 주의해야 한다.

제2장
반려동물 견종학 A

제1절 그룹별 품종 및 성격

반려견은 특성에 따라 토이 그룹, 테리어 그룹, 하운드 그룹, 허딩 그룹, 스피츠 그룹, 건도그 그룹, 워킹 그룹, 컴패니언 그룹, 우리 토종개로 나눌 수 있다.

1. 토이 그룹

토이 그룹은 작고 귀여워 애완용으로 많이 기르는 종으로 몰티즈, 미니어처 핀셔, 비숑 프리제, 시추, 요크셔 테리어, 저패니즈 친, 치와와, 캐벌리어 킹 찰스 스패니얼, 토이 푸들, 파피용, 퍼그, 페키니즈, 포메라니안이 있다.

1) 몰티즈

몰티즈는 성격이 밝고 응석을 잘 부린다. 처음에는 낯을 가리지만, 정이 들면 재롱을 피워 사람들을 즐겁게 해주는 재능이 있다. 다만 응석을 다 받아주면 주인만 쫓아다니

고 예민해지므로 주의해야 한다.

원산지: 이탈리아

체중: 수컷, 암컷 3-4kg

높이: 수컷 21-25cm, 암컷 20-23cm

2) 미니어처 핀셔

미니어처 핀셔는 성격이 밝고 활발하다. 몸집은 작지만 주인에 대한 충성심만은 어느 개에게도 뒤지지 않는다. 큰 개 앞에서도 꼬리를 내리지 않는 승부 근성이 있다. 낯선 사람에게 위협적으로 짖거나 무는 경우가 있으니 훈련을 시키도록 한다. 응석을 많이 받아주게 되면 신경질적이고 헛울음이 많을 수 있으니 주의해야 한다.

원산지: 독일

체중: 수컷 4-5kg, 암컷 3.5-5kg

높이: 수컷 25–30cm, 암컷 25–28cm

3) 비숑 프리제

비숑 프리제는 이해가 빠르고 영특하여 학습능력이 높고 배변훈련 시 빠르게 흡수한다. 다른 동물과도 사이좋게 잘 지낸다. 인형처럼 귀엽고 얌전한 외모와는 달리, 늘 팔팔하게 돌아다니는 것을 좋아한다. 독립성이 강하지만 혼자 있는 것을 싫어하므로 혼자 두는 시간을 최소화한다.

원산지: 프랑스
체중: 수컷, 암컷 3–5kg
높이: 수컷 23–30cm, 암컷 23–28cm

4) 시추

시추는 아주 활달하고, 옛날 왕실에서 많은 사랑을 받았기 때문인지 애교가 많고 붙임성이 좋다. 아이들의 거친 장난을 잘 견뎌내며, 노인들에게는 부드럽게 대한다. 충성스럽고 온화하며 낙천적인 기질을 갖고 있고 감정표현이 풍부해 가정의 반려견으로 손색없다.

반면에 고집을 많이 부리고 자존심이 세다. 응석을 다 받아주면 버릇이 나빠질 수도 있다.

원산지: 중국

체중: 수컷, 암컷 4–7.2kg

높이: 수컷, 암컷 20–28cm

5) 요크셔 테리어

요크셔 테리어는 성격이 활발하고 애교가 많다. 다만 질투심이 많고 까칠하여 주인과 떨어지기 싫어하며, 주인 이외의 다른 사람을 따르지 않는다. 주인이 다른 개한테 관심을 보이면 난폭해진다. 혼자 두면 외로움을 많이 타 우울증에 빠질 수 있다.

원산지: 잉글랜드

체중: 수컷, 암컷 2–3kg

높이: 수컷 22cm, 암컷 20cm

6) 저패니즈 친

저패니즈 친은 과거 고귀하게 여겨져 조용하게 살았기 때문에 순하고 온화하여 사람을 잘 따른다. 귀족들에게 길러져서 그런지 도도한 편이다. 함부로 짖지 않고, 쉽게 흥분하는 일도 없다. 다른 개나 심지어 고양이와도 잘 지낼 수 있다. 훈련에는 부적합하지만 상당히 영리하다.

원산지: 일본

체중: 수컷, 암컷 1.4–6.8kg

높이: 수컷, 암컷 20–27cm

7) 치와와

치와와는 매우 센 성격으로 유명한 견종이다. 호기심이 강한 테리어 기질이 있다. 몸집은 작지만 쾌활한 표정에 재빠르게 움직이고 다부지며 용감하고 독립성이 있다. 주인밖에 모르며 누군가 주인에게 해코지를 하려고 하면 사납게 대든다. 자기보다 덩치가 큰 개에게도 당당하게 맞선다.

원산지: 멕시코

체중: 수컷, 암컷 1.5–3kg

높이: 수컷, 암컷 15–23cm

8) 캐벌리어 킹 찰스 스패니얼

캐벌리어 킹 찰스 스패니얼은 낯선 사람이 데려가도 전혀 저항하지 않을 정도로 누구하고든 쉽게 친해지는 상냥한 개이다. 하지만 다른 개와는 사이좋게 지내지 못하는 편이기 때문에 산책할 때 여러 개와 어울릴 수 있도록 한다.

유전적 질환을 타고나는 경우가 많다.

원산지: 영국

체중: 수컷, 암컷 5.4–8kg

높이: 수컷, 암컷 31–33cm

9) 토이 푸들

푸들은 성격이 밝고, 사람의 말이나 표정에 민감하게 반응하며 영리하고 똑똑하기 때문에 훈련을 잘 따른다. 하지만 자기 중심적이기 때문에 주인이 딴 곳에 관심을 돌리면 아주 큰 소리로 짖기도 한다.

원산지: 프랑스

체중: 수컷, 암컷 3-4kg

높이: 수컷, 암컷 24-28cm

10) 파피용

파피용은 선조가 사냥개였던 만큼 활동적이고 움직임이 빠르다. 사람 말을 잘 알아들어 훈련을 잘 따른다. 낯가림이 별로 없고 응석꾸러기이다. 다만 주인에 대한 독점욕이 강해 만약 주인이 다른 개나 사람에게 관심을 보이면 심하게 질투한다.

원산지: 프랑스

체중: 수컷 3.6-4.5kg, 암컷 3.2-4.1kg

높이: 수컷, 암컷 20-28cm

11) 퍼그

퍼그는 보기와 달리 경계심이 없고 낯선 사람도 잘 따르며 성격이 활발하다. 응석을 잘 부리고, 다른 동물과도 사이좋게 지낸다. 특히 재미있는 것을 좋아하고 짓궂은 장난도 잘한다. 게으르지만 복종심이 있어 훈련시키기 쉽고, 공격적인 면이 전혀 없어 아이와 잘 논다. 헛울음이 거의 없고 질투심도 강한 편이 아니다.

원산지: 중국
체중: 수컷, 암컷 6–10kg
높이: 수컷 30–36cm, 암컷 25–30cm

12) 페키니즈

페키니즈는 애교를 잘 부리지 않고 도도하며 쌀쌀한 편이다. 충성심이 강해 주인에게는 귀엽게 굴기도 한다. 주위에 무관심하며 겁이 없다. 조용하고 내성적인 성격에 독립성이 강하다. 다만 자기 마음에 들지 않으면 말썽을 피우므로 훈련이 필요하다.

원산지: 중국

체중: 수컷, 암컷 3.2–6.4kg

높이: 수컷, 암컷 15–23cm

13) 포메라니안

포메라니안은 순종적이고 외향적이며 애교가 많다. 하지만 애교가 많은 만큼 질투심도 강해 주인이 자신에게 소홀해지면 금방 토라지기도 한다. 견종 크기에 상관없이 잘 짖고 대들며 배짱도 두둑하다. 포메라니안은 훈련 반응이 좋은 편이며 주인에게 어떻게 훈련을 받느냐에 따라 매우 성공적인 성과를 얻는다.

원산지: 독일

체중: 수컷, 암컷 1.9–3.5kg

높이: 수컷, 암컷 20cm

2. 테리어 그룹

테리어 그룹은 작은 동물을 사냥하거나 해로운 짐승을 막는 종으로 미니어처 슈나우저, 베들링턴 테리어, 불 테리어, 스코티시 테리어, 웨스트 하이랜드 화이트 테리어, 잭 러셀 테리어, 케인 테리어, 폭스 테리어가 있다.

1) 미니어처 슈나우저

미니어처 슈나우저는 활발하고 호기심이 많다. 사람을 잘 따르고 애교가 많아서 자기가 먼저 놀아달라고 조르기도 한다. 아이들을 좋아하고 장난치는 것을 좋아한다. 하지만 자기 기분에 맞지 않거나 신경질이 나면 공격하기도 한다. 낯선 사람이나 다른 동물에게 경계가 심하다. 활동량이 많으며 고집이 세다. 특히 혼자 있는 시간을 싫어해 되도록 많은 시간을 함께하는 것이 좋다.

원산지: 독일
체중: 수컷 5.4-9.1kg, 암컷 5.4-8.2kg
높이: 수컷, 암컷 30-36cm

2) 베들링턴 테리어

베들링턴 테리어는 보기에는 순한 양처럼 생겼지만 아주 용감한 개다. 활동량이 많아 산책을 자주 해줘야 스트레스 받지 않는다. 때론 산책 중에 낯선 개와 싸움을 일으키기도 한다. 하지만 주인의 기분에 잘 맞추고 잘 따르는 편이다. 사람에게 친절하고, 아이들과 잘 놀며, 땅파기도 좋아하고, 호기심이 많다. 지능은 평균보다 조금 높다.

원산지: 잉글랜드
체중: 수컷, 암컷 7.7–10kg
높이: 수컷 41–44cm, 암컷 38–42cm

3) 불 테리어

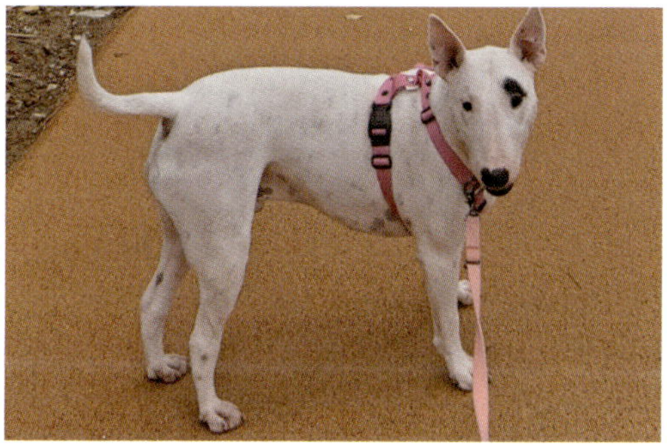

불 테리어는 불도그와 테리어를 교배하여 개량한 몸집이 중간 크기인 개다. 사람을 즐겁게 해주는 재주가 있고, 불도그의 용감한 성격과 테리어의 활발한 성격이 잘 섞여 있다. 다만 독점욕이 강하고 다른 동물에게 싸움을 잘 건다. 투견을 목적으로 육종되어 대체로 공격적인 성향을 가지고 있지만 현재는 반려견으로 널리 이용된다.

원산지: 잉글랜드
체중: 수컷, 암컷 22–38kg
높이: 수컷, 암컷 45–44cm

4) 스코티시 테리어

스코티시 테리어는 활발하고 명랑하다. 그리고 자립심과 독립심이 강하다. 하지만 흥분을 잘 하고 다혈질이며 열정적이다. 경계심이 많아 주인에게는 순종적이고 잘 따르지만, 낯선 사람에게는 함부로 덤비기도 한다. 고집이 세기 때문에 훈련시키기가 어렵다.

원산지: 스코틀랜드
체중: 수컷 8.5-10kg, 암컷 8-9.9kg
높이: 수컷, 암컷 25-28cm

5) 웨스트 하이랜드 화이트 테리어

웨스트 하이랜드 화이트 테리어는 사냥개였던 만큼 움직임이 활발하다. 호기심이 많

고 성격이 밝다. 하지만 경계심이 강하고 좋고 싫은 것이 분명하다. 마음에 들지 않으면 무시하다가 갑자기 달려들어 물기도 한다. 훈련 시 고집이 세 어려움을 주지만 영리한 견종이라 인내심과 시간을 투자하면 멋진 견종이 될 가능성이 크다.

원산지: 스코틀랜드
체중: 수컷 7-10kg, 암컷 6-7kg
높이: 수컷 25-30cm, 암컷 23-28cm

6) 잭 러셀 테리어

잭 러셀 테리어는 몸집은 작지만 아주 활발하다. 밝은 성격에 영리하며 그야말로 쓰러질 때까지 논다고 할 정도로 활력이 넘친다. 장난을 좋아하고 흥분도 잘 하지만 충성심 또한 뛰어난 편이다. 땅을 잘 파며, 후각과 청력이 뛰어나서 좁고 어두운 곳에서도 작은 동물을 쉽게 잘 찾는다. 워낙 장난기가 많고 수렵 본능이 강한 탓에 다른 애완동물이나 미취학 연령의 아동과 같이 생활하는 경우 세심한 통제가 필요하다.

원산지: 잉글랜드
체중: 수컷, 암컷 6.4-8.2kg
높이: 수컷, 암컷 25-30cm

7) 케인 테리어

케인 테리어는 명랑하고 활발하다. 용감하고 독립적이며 자기 영역에 대한 의식이 강하다. 장난을 좋아하고 호기심이 매우 강하다. 주인에게는 충실하지만 완고하고 양보하지 않으려 하는 면도 있다.

원산지: 스코틀랜드
체중: 수컷, 암컷 6-8kg
높이: 수컷 25-33cm, 암컷 23-30cm

8) 폭스 테리어

폭스 테리어는 활발하지만 신경질적인 성격도 가졌다. 예민하고 행동이 민첩하며 두뇌가 총명하다. 잘 물기 때문에 아이가 있는 집에서는 키우기 힘들다. 아주 어릴 때부터 사방을 뛰어다니며 뛰어오르고 장난이 심할 수 있다. 그러므로 빠른 훈련이 필요하다.

원산지: 영국
체중: 수컷, 암컷 7-9kg
높이: 수컷, 암컷 36-40cm

3. 하운드 그룹

하운드 그룹은 동물 사냥을 하던 종으로 그레이 하운드, 미니어처 닥스훈트, 바셋 하운드, 보르조이, 블러드 하운드, 비글, 아프간 하운드가 있다.

1) 그레이 하운드

그레이 하운드는 개 경주에서 맹렬한 속도로 달리는 모습과는 달리 성격이 소극적인 편이다. 함부로 짖지 않고 무턱대고 사람을 무는 일도 없다. 또 주인을 잘 따르며 충성을 다한다. 하지만 자기 뜻대로 안되면 반항적으로 변하기도 한다.

시력이 발달하여 주로 눈으로 보고 사냥하며 사냥감을 끝까지 쫓아간다.

원산지: 이집트
체중: 수컷 29.5-31.5kg, 암컷 27-29.5kg

높이: 수컷 76cm, 암컷 71cm

2) 미니어처 닥스훈트

미니어처 닥스훈트는 명랑하고 사람을 잘 따른다. 주인에게 충성하며 머리가 좋다. 지칠 줄 모르는 근성이 있어 쉬지 않고 놀아주길 바란다. 경계심이 강해 큰 소리로 잘 짖기 때문에 집 지키는 개로 적당하다.

닥스훈트는 다리가 짧아 살이 찔 경우 배가 땅에 닿을 수 있기 때문에 적절한 운동과 식단 조절로 비대해지지 않게 조절해주는 것이 좋다.

원산지: 독일
체중: 수컷, 암컷 7–15kg
높이: 수컷, 암컷 21–27cm

3) 바셋 하운드

바셋 하운드는 사냥개치고는 움직임이 느긋하고 장난도 별로 좋아하지 않는다. 상냥하고 주인에게 헌신적이고 충성심이 강하지만, 내성적이기도 하고 고집이 세다. 좀처럼 흥분하지 않고 차분하고 조용하다. 하지만 호기심이 많고 한번 정신이 팔리면 고집을 부리기도 한다.

원산지: 프랑스

체중: 수컷 23–29kg, 암컷 20–27kg

높이: 수컷 30–38cm, 암컷 28–36cm

4) 보르조이

보르조이는 성격이 좋고 온화하며 침착하다. 어떤 놀이에도 흥미를 보이며, 뛰는 것을 포함한 활동에 가장 행복해한다. 초기의 용도가 늑대였던 만큼 많은 운동량과 복종 훈련이 필요하다.

러시아어로 '민첩하다'는 뜻의 보르조이란 이름처럼 주인의 행동, 표정, 심리 상태를 관찰할 줄 알며 신경이 세밀하다.

원산지: 러시아

체중: 수컷 34–47kg, 암컷 24–38kg

높이: 수컷 70–85cm, 암컷 66–78cm

5) 블러드 하운드

블러드 하운드는 매우 조용하고 쉽게 흥분하지 않으며 노는 것도 별로 좋아하지 않는다. 참을성이 있고 싸우는 것을 별로 좋아하지 않는다. 친화적이고 온순하여 아이들과 잘 어울린다. 사냥할 때도 늘 사람의 명령이 있는 다음에야 행동하는 수동적인 성격을 가지고 있다.

원산지: 벨기에

체중: 수컷 41-50kg, 암컷 36-45kg

높이: 수컷 64-69cm, 암컷 58-64cm

6) 비글

비글은 성격이 활발하고 활동적이며 체력이 좋다. 사냥개 습성이 남아 있어 큰 소리로 짖거나 밖에서 뛰어노는 것을 좋아한다. 한번 마음먹은 일은 해야 하는 고집쟁이라 좀처럼 쉽게 길들여지지 않는다. 억센 훈육이 필요하며 특히 많은 운동량과 넓은 행동반경이 필요하다.

원산지: 영국
체중: 수컷 10−11kg, 암컷 9−10kg
높이: 수컷 36−41cm, 암컷 33−38cm

7) 아프간 하운드

아프간 하운드는 비단결 같은 탐스러운 털을 지니고 있으며, 세심하고 민감하며 자기 감정을 잘 표현한다. 무심한 듯 새침데기이지만 혼자 두면 풀이 죽을 정도로 주인을 잘 따른다.

험한 지역에서도 빠르게 달릴 수 있으며 달리다가 방향전환을 잘하며 달리는 힘이 있다.

원산지: 아프가니스탄
체중: 수컷, 암컷 26−34kg
높이: 수컷 68−74cm, 암컷 60−69cm

4. 허딩 그룹

허딩 그룹은 양치는 일을 돕는 종으로 보더 콜리, 비어디드 콜리, 셰틀랜드 시프도그, 올드 잉글리시 시프도그, 웰시 코기 펨브로크, 저먼 셰퍼드, 코몬도르, 콜리가 있다.

1) 보더 콜리

보더 콜리는 세상에서 가장 머리가 좋은 개로 유명하다. 학습능력과 순발력이 뛰어나고, 정확한 상황 판단을 할 수 있는 관찰력을 가지고 있다. 주인에게 충실하나, 지능이 높기 때문에 충분한 교감과 적절한 훈련이 이루어지지 않는 경우 뛰어난 지능과 체력을 나쁜 방향으로 쓸 수 있으므로 주의해야 한다.

원산지: 영국
체중: 수컷 14−20kg, 암컷 12−19kg
높이: 수컷 48−56cm, 암컷 46−53cm

2) 비어디드 콜리

비어디드 콜리는 전신에 거친 털이 빽빽이 나 있어 더위와 추위 및 습기에 강하며 인내심도 강하다. 주인을 잘 따르고 아이들과도 잘 논다. 애교도 많고 장난기도 많다. 하지만 사랑이 부족하면 난폭해지는 성격이다.

원산지: 스코틀랜드

체중: 수컷, 암컷 18–27kg

높이: 수컷 53–56cm, 암컷 51–53cm

3) 셰틀랜드 시프도그

셰틀랜드 시프도그는 사람을 매우 좋아하고 영리하다. 사람을 위해 일해왔던 개인 만큼 주인에게 충실하다. 워낙 똑똑하고 성격이 사납지 않아서 아이들과도 매우 잘 지낸다. 낯선 사람에 대한 경계심이 강해서 집 지키는 개로도 좋다.

원산지: 스코틀랜드

체중: 수컷, 암컷 6.4–12kg

높이: 수컷, 암컷 33–41cm

4) 올드 잉글리시 시프도그

올드 잉글리시 시프도그는 활달하며 독립적이고 영리하다. 쓰다듬어 주는 것을 좋아하며, 겉으로는 느긋해 보이지만 실제로는 활발하고 장난을 좋아한다. 화가 나면 제멋대로 굴며 물기도 한다. 큰 덩치에 비해 참을성이 없다. 따라서 충분한 운동을 요하며, 조기 훈련과 사회화가 필수적이다.

원산지: 잉글랜드
체중: 수컷 31.5–40.5kg, 암컷 27–36kg
높이: 수컷 56cm, 암컷 53cm

5) 웰시 코기 펨브로크

웰시 코기 펨브로크는 주인에게 성실하고 다른 동물과도 잘 어울리는 밝은 성격을 가졌다. 평소에는 느긋한 성격이지만 훈련에 임할 때는 빠른 적응과 높은 성과를 보인다. 소몰이를 했던 개답게 부지런하고 움직임도 민첩하다. 소를 몰던 습성이 남아 있어 어린 시절에 훈련을 제대로 시키지 않으면 아이들을 무는 버릇이 있으므로 주의해야 한다.

원산지: 영국
체중: 수컷, 암컷 12kg
높이: 수컷, 암컷 25–30cm

6) 저먼 셰퍼드

저먼 셰퍼드는 용감하고 책임감이 강하며 붙임성 또한 좋은 편이다. 적응력이 뛰어나 군견, 경비견, 경찰견 등으로 활약한다. 주인에게 충실하지만 주인이 바뀌어도 잘 적응한다.

주인의 말을 잘 듣는 아주 똑똑한 개다. 경계심이 많아 낯선 사람에게는 긴장된 모습을 보이지만 생각보다 장난을 좋아한다.

원산지: 프랑스
체중: 수컷 30-40kg, 암컷 22-32kg
높이: 수컷 60-65cm, 암컷 55-60cm

7) 코몬도르

코몬도르는 자립심이 강하고 완고하며 지배욕이 강하다. 이런 성격 때문에 주인에게는 리더십이 요구된다. 낯선 사람에 대해 경계심이 강하고 용감해서 가족을 지키려고 한다. 주인에게 충실하며 아이들과도 잘 놀 만큼 순하다.

원산지: 헝가리
체중: 수컷 50-60kg, 암컷 40-50kg
높이: 수컷 71-76cm, 암컷 64-69cm

8) 콜리

콜리는 일하기를 좋아하고 지능이 높으며 조용하지만 장난을 좋아하는 활발함도 지녔다. 시력이 좋아 양치기 개로 적합하다. 양떼를 지킬 만큼 주의력도 깊고 관찰력도 날카롭다. 잔꾀를 부리지 않고 우직하게 주인에게 봉사한다. 붙임성이 좋고 쉽게 성질 부리지 않는다.

원산지: 스코틀랜드
체중: 수컷, 암컷 23-34kg
높이: 수컷, 암컷 55-65cm

5. 스피츠 그룹

스피츠 그룹은 개의 조상에 가까운 종으로 사모예드, 시바견, 시베리안 허스키, 시코쿠견, 아키타견, 알래스칸 맬러뮤트, 카이견, 키슈견, 홋카이도견이 있다.

1) 사모예드

사모예드는 사나워 보이는 인상과는 달리 붙임성이 있고 애교도 많고 장난기도 많다. 늘 주인 곁을 떠나려 하지 않고 주인에게 충실하며, 낯선 사람이나 동물에게는 꽤 사나운 편이다. 오랜 시간 혼자 두면 성격이 신경질적으로 바뀌거나 스트레스성 질환에 걸릴 수 있다.

원산지: 시베리아
체중: 수컷 20−30kg, 암컷 16−20kg
높이: 수컷 53−60cm, 암컷 48−53cm

2) 시바견

시바견은 주인에게만 밝고 활발하며 충성을 다한다. 경계심이 많아서 다른 사람에게

는 쌀쌀한 편이다. 가끔 공격적이고 독립적인 본성을 보여주는데 이것은 암컷 시바에게 주로 나타나는 현상이다. 성격은 혈통에서 공통된 특징이 적다고 자주 말해진다.

원산지: 일본
체중: 수컷 8–11kg, 암컷 6.8–9kg
높이: 수컷 35–43cm, 암컷 33–41cm

3) 시베리안 허스키

시베리안 허스키는 무서워 보이는 인상과는 달리 쾌활한 성격으로 장난을 아주 좋아한다. 활동적이고 힘이 넘치며 짓궂은 장난도 많이 한다. 친근하고 똑똑하지만, 고집이 세고 독립심이 강하여 강아지일 때부터 잘 길들이지 않으면 제멋대로가 되기 쉽다.

원산지: 시베리아
체중: 수컷 20.5–34kg, 암컷 15.5–22.5kg
높이: 수컷 58cm, 암컷 53cm

4) 시코쿠견

시코쿠견은 야성이 남아 있어 좀 거칠지만 주인에게 충실하다. 언제나 명령을 기다리듯 주인 곁에 맴돌며 인내심이 강하다. 활동적이라 상당한 운동량을 필요로 한다. 경계심이 많고 고집이 세다. 따라서 어릴 때부터 훈련을 꾸준히 시켜주어야 한다.

원산지: 일본

체중: 수컷, 암컷 15–25kg

높이: 수컷 29–55cm, 암컷 43–49cm

5) 아키타견

아키타견은 일본의 대표 견종이지만 역사가 짧다. 상냥하고 총명하며 기억력이 좋고 주인에게 순종적이다. 차분하여 주인의 명령을 충실히 잘 수행하고 예민한 감각을 가졌다. 협동심이 강하고 사람에게 호의적인 반면, 노는 것을 좋아하지 않는다.

원산지: 일본

체중: 수컷 45–59kg, 암컷 32–45kg

높이: 수컷 64–70cm, 암컷 58–64cm

6) 알래스칸 맬러뮤트

알래스칸 맬러뮤트는 활동적이고 장난을 좋아하며 큰 말썽을 부리지 않는다. 기분이 좋으면 마냥 좋아하는 모습이 꼭 아이 같다. 사람을 잘 따르고, 특히 아이들을 좋아한다. 참을성이 많고 차분한 성격이다.

원산지: 알래스카

체중: 수컷 36–43kg, 암컷 32–38g

높이: 수컷 61–66cm, 암컷 56–61cm

7) 카이견

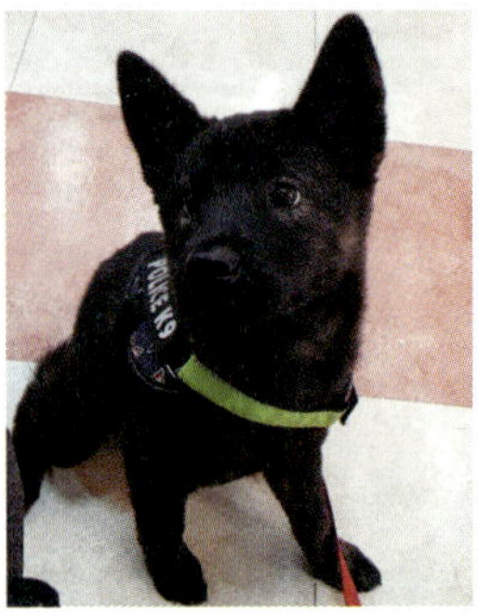

카이견은 주인에 대한 복종심이 강해 낯선 사람을 절대 따르지 않는다. 더위와 추위에 강하다. 감각이 예민하고 기억력이 좋으며 경계심이 강하기 때문에 견주의 지속적인 사회화 훈련이 필요하다. 참을성이 많고 아이들과 잘 놀아준다.

원산지: 일본

체중: 수컷, 암컷 16–18kg

높이: 수컷 47–53cm, 암컷 42–48cm

8) 키슈견

키슈견은 경계심이 강하여 주인이나 가족 이외에는 잘 어울리지 못한다. 성실함과 충실함을 겸비하고 침착한 성격을 가졌다. 멧돼지와 정면 대결을 할 정도로 담력이 크다. 사냥개라 함부로 덤벼드는 기질이 아직 남아 있다.

원산지: 일본

체중: 수컷, 암컷 15–20kg

높이: 수컷, 암컷 43–55cm

9) 홋카이도견

홋카이도견은 담대한 견종으로, 주인에게 평생 충성을 다한다. 한 주인만 따르기 때문에 기르다가 다른 사람에게 맡기면 힘들다. 야생 기질이 남아 있어 다른 동물을 보면 덤비는 수가 있다. 참을성이 있고 홋카이도 지방의 견종답게 추위에 강하다.

원산지: 일본
체중: 수컷, 암컷 20-30kg
높이: 수컷 48-52cm, 암컷 46-48cm

6. 건도그 그룹

건도그 그룹은 새 사냥을 하던 종으로 골든 리트리버, 래브라도 리트리버, 아메리칸 코커 스패니얼, 아이리시 세터, 잉글리시 세터, 잉글리시 포인터가 있다.

1) 골든 리트리버

골든 리트리버는 금색의 윤기나는 털을 가지고 있으며 속털은 방수성, 겉털은 탄력성이 있다. 잡은 사냥감을 찾아오도록 훈련되어 사람을 잘 따르며, 직접 사냥을 했던 개가 아니라 덩치에 비해 공격적이지 않다. 온화하고 장난을 좋아한다.

원산지: 스코틀랜드
체중: 수컷 30-34kg, 암컷 25-32kg
높이: 수컷 56-61cm, 암컷 51-56cm

2) 래브라도 리트리버

래브라도 리트리버는 장난기가 넘치지만 순종적이고 침착하다. 총명하고 인내심도 강해서 훈련능력이 높아 마약탐지견, 폭발물탐지견, 수색견 업무에 적합하다. 또 맹인 안내견으로 활약할 정도로 순하다.

원산지: 뉴펀들랜드섬

체중: 수컷 29-36kg, 암컷 25-32kg

높이: 수컷 57-62cm, 암컷 55-60cm

3) 아메리칸 코커 스패니얼

아메리칸 코커 스패니얼은 낙천적이고 활발하며 놀기를 좋아한다. 사람을 즐겁게 만들고 사냥개답게 주인에게 순종적이다. 머리가 좋아서 주인의 기대에 부응하려고 한다.

아이들이나 다른 동물과도 잘 놀고 길들이기 쉽다.

원산지: 영국
체중: 수컷, 암컷 12.5-14.5kg
높이: 수컷 39-41cm, 암컷 38-39cm

4) 아이리시 세터

아이리시 세터는 놀기 좋아하는 심한 장난꾸러기다. 얌전히 있지 못하고 이리저리 뛰어다닌다. 어릴 때부터 자주 놀아주면 거기서 생겨난 신뢰 관계가 훈련으로도 이어질 만큼 영리하다. 복종심이 뛰어난 견종이다. 그러나 고집이 세고 자립심이 강하며 감수성도 예민하다. 주인과 마음이 조금이라도 멀어지면 신뢰 관계가 무너지기도 하므로 스킨십이 중요하다.

원산지: 아일랜드섬
체중: 수컷 27-32kg, 암컷 24-29kg
높이: 수컷 58-67cm, 암컷 55-62cm

5) 잉글리시 세터

잉글리시 세터는 친근한 성격에 애교도 많으며, 주인에게 충성심이 강하다. 매너가 좋아 '영국 신사'라는 별명이 있다. 민감하고 책임감이 강하여 긍정강화 훈련을 하는 것

이 좋고 어릴 때 사회화 훈련을 하는 것이 좋다. 사냥개의 피가 흐르기 때문에 활동력이 굉장히 높다.

원산지: 영국

체중: 수컷 29–36kg, 암컷 20–24kg

높이: 수컷 63–68cm, 암컷 58–63cm

6) 잉글리시 포인터

잉글리시 포인터는 사냥개이지만 사냥보다는 사냥감이 죽으면 주인에게 알려주는 역할을 주로 하여 온순한 견종에 속한다. 독립적이지만 주인에게 헌신적이다. 고집스러운 성격을 가지고 있어 어릴 때부터 충분한 훈련이 필요하다. 훈련만 잘 된다면 활동적인 성격에도 쉽게 흥분하거나 물지 않는다. 운동량이 매우 많으며, 운동량이 충분하지 않으면 과체중이 되기 쉽다.

원산지: 영국

체중: 수컷 24–34kg, 암컷 20–29kg

높이: 수컷 55–60cm, 암컷 53–60cm

7. 워킹 그룹

워킹 그룹은 일하는 것을 좋아해 인간의 생활을 돕는 종으로 그레이트 데인, 그레이트 피레니즈, 뉴펀들랜드, 도베르만 핀셔, 로트바일러, 마스티프, 버니즈 마운틴 도그, 복서, 세인트 버나드가 있다.

1) 그레이트 데인

그레이트 데인은 가장 큰 개로 알려진 초대형견이다. 근육이 발달하고 자립심이 강하므로 어릴 때부터 복종훈련이 잘 되어야 한다. 큰 개이지만 조용하고 한 곳에 앉아 있기 때문에 있는지 없는지도 모를 정도로 얌전하다. 평소에는 주인을 잘 따르고 얌전하다가 낯선 사람만 나타나면 거칠게 짖어대기 때문에 집 지키는 개로 좋다.

원산지: 독일

체중: 수컷 54–90kg, 암컷 45–59kg

높이: 수컷 76–86cm, 암컷 71–81cm

2) 그레이트 피레니즈

그레이트 피레니즈는 행동이 느긋하고 더위에 약해 더운 계절에는 게으름을 피우기도 한다. 덩치와 달리 아이를 아주 잘 돌보는 순한 개다. 하지만 낯선 사람을 경계할 수 있어 어릴 때부터 사회화 훈련이 필요하다. 독립적이고 영리하지만 양떼를 지키는 습관이 남아 있어 훈련이 쉽지는 않다.

원산지: 프랑스

체중: 수컷 50–54kg, 암컷 36–41kg

높이: 수컷 70–82cm, 암컷 65–74cm

3) 뉴펀들랜드

마치 곰처럼 생긴 뉴펀들랜드는 섬에서 길러져 습지와 해안을 걸을 수 있도록 발에 물갈퀴가 붙어 있다. 명랑하고 주인의 명령을 잘 따르며 쉽게 흥분하지 않는다. 또 구조견답게 위험에서 아이들을 지키려고 노력한다. 가정에서 키우면 신뢰성 있는 좋은 반려동물이 될 수 있다.

원산지: 뉴펀들랜드 래브라도
체중: 수컷 60–70kg, 암컷 45–55kg
높이: 수컷 69–74cm, 암컷 63–69cm

4) 도베르만 핀셔

도베르만 핀셔는 예민하고 굳은 의지가 있으며 행동력이 우수하고 호기심이 강하다. 경비견답게 영리하고 순종적이여서 복종훈련을 잘 받는 편이다. 하지만 장난도 심하고 주인에게 응석도 잘 부린다. 섬세한 면이 있어 외로움도 잘 탄다. 주인과 오랜 시간 떨어져 있으면 무기력증에 걸릴 수 있다.

원산지: 독일
체중: 수컷 40–45kg, 암컷 32–35kg
높이: 수컷 66–72cm, 암컷 61–68cm

5) 로트바일러

로트바일러는 도베르만과 비슷한 생김새에 단단한 근육질, 큰 골격, 굵은 뼈대를 지닌다. 특히 뒷다리는 도약력이 아주 좋다. 흥분하는 일이 좀처럼 없는 아주 조용한 개이지만 낯선 사람에게는 달려들어 물기도 한다. 무척 똑똑해서 훈련을 빨리 받아들인다. 훈련하기에 따라 차분한 개가 되기도 하고, 사나운 개가 되기도 한다.

원산지: 독일

체중: 수컷 50–60kg, 암컷 35–48kg

높이: 수컷 61–69cm, 암컷 56–63cm

6) 마스티프

마스티프는 발정난 수소나 숫양의 공격성을 제어하기 위해 만들어진 견종이다. 주인에게는 얌전하고 애교도 부리며 충성심이 대단하지만, 주인을 외부로부터 지키려는 본

능이 있어 낯선 사람에게는 맹수로 돌변한다.

원산지: 영국
체중: 수컷 73-100kg, 암컷 54-77kg
높이: 수컷 78cm, 암컷 71cm

7) 버니즈 마운틴 도그

버니즈 마운틴 도그는 주인에게 안기기를 매우 좋아하며 자립심이 강하고 집중력이 뛰어나다. 애교를 부리거나 장난을 좋아하지는 않지만, 굳이 사람이 이것저것 신경 쓰지 않아도 되는 점잖은 성격을 가졌다. 또한 경계심이 강해서 가족을 보호하고 집도 잘 지키는 똑똑한 견종이다.

원산지: 스위스
체중: 수컷 38-50kg, 암컷 36-48kg
높이: 수컷 64-70cm, 암컷 58-66cm

8) 복서

복서는 바쁘게 지내는 것을 좋아하며 활발하고 놀기 좋아하며 지능이 높다. 주인과 같이 있는 것을 좋아한다. 평소에는 조용하고 얌전하지만, 투견이었던 만큼 대담한 성

격도 가지고 있다. 뛰어난 청각과 감시 능력으로 경비견으로도 많이 활용되고 있다.

원산지: 독일

체중: 수컷 29.5-36kg, 암컷 22.5-29.5kg

높이: 수컷 60cm, 암컷 55cm

9) 세인트 버나드

세인트 버나드는 덩치는 크지만 함부로 뛰어다니거나 장난치지 않아, 있는지 없는지 알 수가 없을 정도로 순하고 차분하며 온순하다. 침을 많이 흘리고 성장속도가 매우 빠르다. 매 순간 열심히 노력하기 때문에 다른 품종보다 훈련시키기 쉽다.

원산지: 스위스

체중: 수컷, 암컷 54.5-90.5kg

높이: 수컷 68cm, 암컷 63cm

8. 컴패니언 그룹

컴패니언 그룹은 인간과 친구처럼 지내는 종으로 달마티안, 라사 압소, 보스턴 테리어, 샤페이, 차우차우, 프렌치 불도그가 있다.

1) 달마티안

달마티안은 늘 활발하게 뛰어다니며 장난을 좋아하고 기억력이 좋다. 주인은 잘 따르지만 경계심이 강하다. 때로는 그 경계심이 지나쳐서 쉽게 흥분하고 물기도 한다.

원산지: 크로아티아
체중: 수컷 15-32kg, 암컷 16-21kg
높이: 수컷 58-61cm, 암컷 56-58cm

2) 라사 압소

라사 압소는 쾌활하고 운동을 좋아한다. 좋고 싫은 것이 분명한 성격이라 길들이는 데 조금 애를 먹을 수도 있다. 주인에게는 복종하지만 낯선 사람을 보면 큰 소리로 짖

기 때문에 집 지키는 개로 좋다.

원산지: 티베트

체중: 수컷 6–8kg, 암컷 5–7kg

높이: 수컷, 암컷 25–28cm

3) 보스턴 테리어

보스턴 테리어는 투견의 피를 이어받았지만 개량하면서 온순한 성격이 되었다. 사람 말을 잘 따르고, 응석받이에다 야단맞으면 특유의 표정을 지어 보여 아주 귀엽다.

원산지: 미국

체중: 수컷, 암컷 4.5–11kg

높이: 수컷, 암컷 38–43cm

4) 샤페이

샤페이는 근엄한 표정을 하고 있지만 생각보다 거친 개는 아니다. 사람들에게 기쁨을 주는 온화한 성격에 아이들을 좋아한다. 주인에게 아주 예의 바르며 순종적이다. 독립심이 있는 편이며 고집이 세고 종종 다른 개들과 싸우려 들 때가 있다.

원산지: 중국

체중: 수컷 25–30kg, 암컷 18–25kg

높이: 수컷, 암컷 46–51cm

5) 차우차우

차우차우는 주인을 아주 잘 따르며, 경계심이 강해 낯선 사람에게는 아주 사납다. 애교가 별로 없는 편이라 집 지키는 개로 기르는 것이 좋다.

원산지: 중국

체중: 수컷 25-32kg, 암컷 20-27kg

높이: 수컷 48-56cm, 암컷 46-51cm

6) 프렌치 불도그

프렌치 불도그는 생긴 모습처럼 늘 재미있는 것을 원하고 노는 것을 좋아한다. 주인을 아주 잘 따른다. 투견이었던 만큼 큰 개 앞에서도 당당하고 배짱이 있다.

원산지: 프랑스

체중: 수컷, 암컷 11-12kg

높이: 수컷 30cm, 암컷 27cm

9. 우리 토종개

마지막으로 우리 토종개는 대한민국이 원산지인 종으로 삽살개, 진돗개, 풍산개가 있다.

1) 삽살개

삽살개는 보기와 달리 날쌔고 몸동작이 가볍다. 온순하고 애교가 많고 주인에게 복종한다. 여간해서 싸우지 않지만 일단 경쟁이 붙으면 용맹스럽게 싸우기도 한다.

원산지: 대한민국

체중: 수컷 18-28kg, 암컷 16-25kg

높이: 수컷 50-58cm, 암컷 48-55cm

2) 진돗개

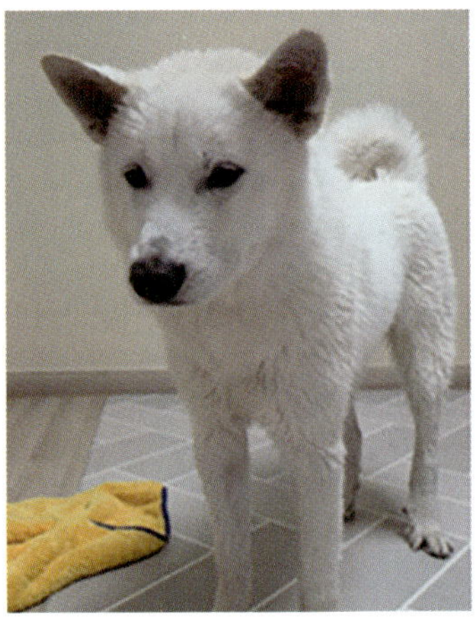

진돗개는 한번 주인은 영원한 주인으로 여기는 충성스러운 개다. 점잖고 온순하며 자신감과 품위가 있어 함부로 짖지 않는다.

원산지: 대한민국
체중: 수컷 18-23kg, 암컷 15-19kg
높이: 수컷 50-55cm, 암컷 45-50cm

3) 풍산개

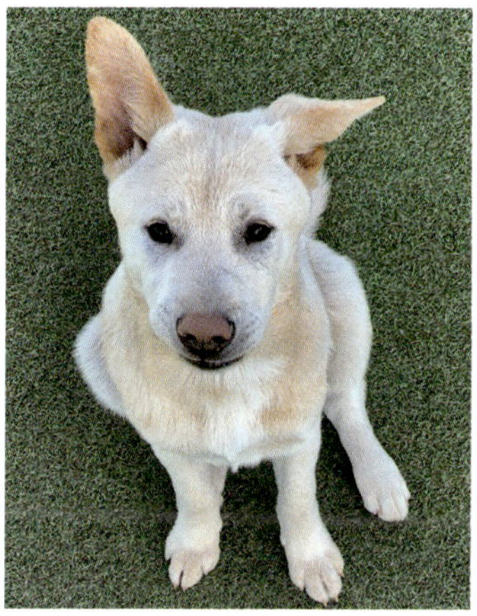
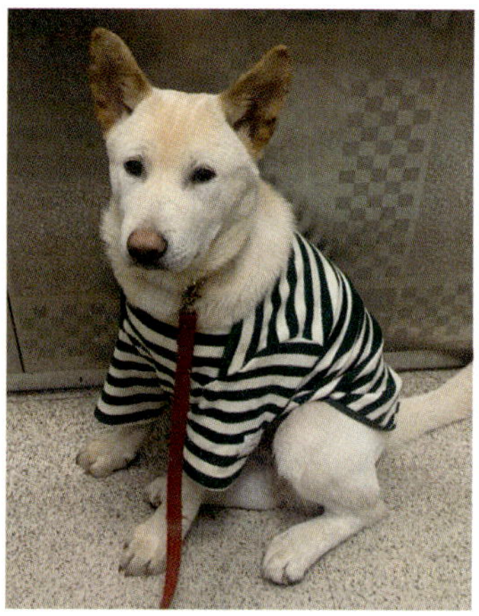

풍산개는 동물에게 공격적이라는 오해를 받고 있지만 다른 견종과 마찬가지로 키우는 환경에 따라 잘 어울린다. 또한 사람에게 온순해서 가정에서 키우기에 좋다. 사냥개답게 날렵하고 총명하며 용감하고 인내심도 강하다. 또 충성심이 강하고 방향감각이 뛰어나 귀소 본능이 강하다.

원산지: 대한민국
체중: 수컷, 암컷 20-27kg
높이: 수컷, 암컷 50-60cm

TIP

초보자일 경우
몰티즈, 미니어처 닥스훈트, 캐벌리어 킹 찰스 스패니얼, 토이 푸들, 퍼그 종류가 좋다.

집이 아파트일 경우
몰티즈, 보스턴 테리어, 시추, 요크셔 테리어, 저패니스 친, 치와와, 토이 푸들, 퍼그, 페키니즈, 프렌치 불도그가 좋다.

집 지키는 개를 원할 경우
라사 압소, 몰티즈, 미니어처 핀셔, 비숑 프리제, 웰시 코키 펨브로크를 추천한다.

제2절 평소 건강 체크

늘 신나게 까불던 개가 어느 날 갑자기 조용해졌다든지, 먹이를 잘 먹지 않고 배설한 상태가 이상하다든지 하면 몸 어딘가 아프다는 증거이다. 사람처럼 어디가 아프다고 말로 하면 좋겠지만, 그것은 불가능하기 때문에 개를 돌보는 여러분이 평소에 강아지 건강 상태가 어떤지 체크해야 한다. 개도 사람처럼 생명이 있는 존재이므로 늘 관심과 사랑으로 챙겨준다.

1. 걷는 자세가 이상하다

개가 걷는 자세가 이상하다고 생각되면 우선 발바닥에 상처가 있는지 발가락 사이까지 꼼꼼히 체크해본다. 상처가 없는데도 아파하거나 걷는 자세가 이상하다면 뼈나 관절에 이상이 있을 수 있으므로 수의사와 상담한다.

2. 경련을 한다

개가 갑자기 온몸을 부들부들 떨면서 경련을 일으켰다면 심각한 병일 수 있다. 뇌염이나 수막염일 수 있으므로 경련이 진정되고 나면 바로 병원으로 데려간다.

* 수막염 : 수막염이란 뇌를 싸고 있는 막(뇌막)의 염증을 말한다. 여러 가지 미생물의 감염에 의해 일어난다.

3. 기침을 한다

개도 사람처럼 감기에 걸린다. 가벼운 기침이라면 2-3일 따뜻하게 해주면 낫지만, 감기가 아닐 수도 있으니 주의 깊게 관찰해야 한다. 필라리아증에 감염되었을 수도 있으니 기침을 한다 싶으면 바로 병원으로 데려간다.

* 필라리아증 : 모기가 옮기는 무서운 질병이다. 이 병에 걸리면 심한 기침을 계속하고 토하거나 침을 흘린다.

4. 눈곱이 끼거나 눈을 비빈다

눈에 어떤 문제가 생기면 눈곱이 낀다. 항상 눈곱이 끼어 있지 않은가 체크한다. 특히 시추나 퍼그같이 얼굴에 비해 눈이 큰 강아지는 눈에 이상이 생기기 쉬우므로 더 세심하게 살핀다.

그리고 자꾸 눈을 비비는 것은 뭔가 들어갔거나 눈썹이 찔러서 그럴 수도 있지만, 각막염이나 결막염에 걸려서일 수도 있다. 눈동자가 탁하다면 백내장인 경우가 많다.

* 각막염/결막염 : 각막염이란 눈의 각막(검은자위)에, 결막염은 눈의 결막(흰자위와 눈꺼풀)에 염증이 생긴 것을 말한다.

* 백내장 : 백내장이란 눈의 수정체가 흐려져 눈동자 색깔이 하얗게 변하는 병이다.

5. 몸을 긁는다

개가 몸을 자주 긁는 것은 벼룩이나 진드기 때문일 수도 있고, 알레르기 때문일 수도 있다. 개의 피부병은 좀처럼 낫기 힘들기 때문에 빨리 발견해서 꾸준한 치료를 해주는 것이 중요하다.

6. 배가 붓는다

개의 배가 크게 부푼 것처럼 느껴지면 우선 단순 비만인지 병인지 체크해본다. 배에 탄력이 없고 개가 움직이기 싫어한다면 병일 가능성이 높다. 그럴 때는 서둘러 병원에 데려가 수의사에게 진찰받는다.

7. 변이 묽다

건강한 개의 변은 휴지로 집어도 될 만큼 단단하다. 그런데 갑자기 변이 묽어졌다면 우선 먹이에 문제가 있을 수 있으므로 한 끼 정도 굶겨보고 상태를 지켜본다. 또 스트레스 때문에 설사를 할 수 있으므로 스트레스 받을 만한 일을 없애주면 낫기도 한다. 그래도 변이 묽다면 기생충이나 식중독, 세균에 감염되었을 수 있다.

8. 숨을 헐떡인다

개가 덥지도 않고 운동하지도 않았는데 숨을 헐떡인다면 호흡기에 이상이 있거나 열이 나기 때문이다. 보통 개의 체온은 사람보다 높은 38-39℃이기 때문에 열이 나는지 정확하게 알 수 없다.

식욕이 없고 혀나 입안의 색깔이 평소보다 붉으며 오줌의 양이 줄었다면 열이 나는 것이라고 볼 수 있다. 이럴 때는 담요로 몸을 따뜻하게 감싸 체온을 유지시키고, 수의사의 진단을 받아본다.

9. 여름에도 웅크리고 잔다

개는 보통 옆으로 누워 네 다리를 펴고 잔다. 물론 추울 땐 웅크리고 자지만, 더운 여

름에도 웅크린다면 소화기관에 병이 있거나 기생충이 있을 수 있다.

10. 오줌 색이 이상하다

개의 오줌 색깔이 평소와 달리 짙다면 몸에서 열이 나기 때문일 수 있다. 피가 섞여 나온다면 방광염이 원인이거나 파를 먹어서 중독된 것일 수 있다. 방광염일 경우 오줌 색깔이 탁하기도 하고, 오줌을 잘 누지 못하기도 한다. 또 피가 섞여 나오지 않았지만 오줌 색깔이 아주 짙고 냄새가 지독한 경우는 간염이나 종양일 수도 있다. 이럴 경우 시급한 조치가 필요하므로 수의사에게 검진받는 것이 좋다.

11. 자꾸 마른다

개가 먹이를 잘 먹어도 살이 찌지 않고 마르기만 한다면, 주위 환경을 다시 살펴본다. 소음이 많이 나는 곳에 잠자리를 둔 것은 아닌지, 잠은 잘 자는지 또는 춥지는 않은지 확인한다. 환경에 별 이상이 없다면 기생충이 원인일 수 있다. 또는 지방을 많이 먹거나 식중독 때문에 소화 기능이 떨어진 것일 수도 있다.

12. 토한다

개는 음식을 많이 먹었을 때 토하기도 하지만, 자주 토한다면 위장에 문제가 있을 수 있다. 전염병에 걸렸을 수도 있고, 이물질을 삼켰기 때문일 수도 있다. 만약 아무것도 내뱉지 않고 토하는 행동만 한다면 위염이나 위경련일 수 있다.

DONATE

제3장
반려동물 식품학 A

식품 종류에 따라 반려동물에게 미치는 영향을 살펴보면 다음과 같다.

제1절 독이 되는 간식

1. 자일리톨

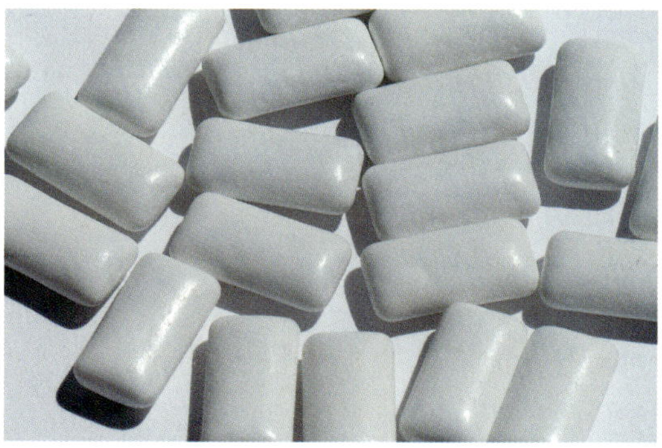

사탕, 껌, 치약, 제과 등에 설탕 대신 들어가는 감미료인 자일리톨. 만약 당신의 개가 자일리톨이 들어간 음식을 먹는다면 혈당이 내려가고 간 손상을 초래할 것이다.

증상으로는 구토, 무기력감, 발작이 있다.

2. 알코올

음주는 간, 뇌에 손상을 준다. 이는 개에게도 마찬가지다. 개에게는 극소량의 알코올도 위험하다.

증상으로는 구토, 설사, 호흡곤란이 있고, 심지어 혼수상태에 빠지거나 죽기도 한다.

3. 양파와 마늘

절대 양파, 마늘을 반려견 가까이에 두어서는 안 된다. 양파와 마늘은 개의 혈액세포를 죽여 빈혈을 야기한다. 향신채는 사람에게는 독소를 제거하고 콜레스테롤을 낮추는 등 이롭지만, 동물에게는 좋지 않다.

4. 커피, 차 등 카페인 음료

사람에게 커피 한잔은 생활의 활력소이지만 개에게는 치명적이다. 코코아, 초콜릿, 콜라, 에너지 드링크, 커피, 차 등 카페인이 들어 있는 음식을 반려견으로부터 숨겨야 한다.

만약 당신의 반려견이 무기력하거나 호흡이 가빠지면 재빨리 병원에 데려가야 한다.

5. 초콜릿

절대 개에게 초콜릿을 주어서는 안 된다. 특히 다크 초콜릿은 치명적이다.

증상으로는 구토, 설사, 심정지, 경련, 수전증이 있고, 급기야 사망을 초래한다. 혹시나 초콜릿을 먹었다면 물을 자주 먹이고 잠을 재운다.

6. 우유 등 유제품

개에게 먹던 아이스크림을 나눠주면 안 된다. 아이스크림 대신 얼음을 줄 수 있다. 유제품은 개 위장에 무리를 줘 설사나 알레르기를 유발한다. 90% 이상의 개는 유당 불내증이 있다. 대신 락토 프리 제품은 먹여도 된다.

7. 마카다미아

사람에게 콜레스테롤을 낮춰준다고 알려져 있는 견과류 마카다미아. 개에게는 근육 경련, 구토, 고열을 유발한다.

8. 포도, 건포도

포도 씨의 성분은 개에게 독이다.

극소량 섭취로도 구토, 우울감, 무기력, 식욕 부진을 초래하고, 심하면 사망에 이른다.

9. 감, 복숭아, 자두

감 씨는 작은창자에 문제를 일으킨다. 복숭아와 자두 씨에 독성분이 있어 건강에 좋지 않다. 사람은 씨를 소화하고 흡수하는 힘이 있지만 개는 없다.

10. 호두

호두에 있는 일종의 곰팡이균은 개에게 발작 등을 유발한다.

11. 건어물

건어물은 개가 매우 좋아하나 위장 장애를 유발해 설사나 구토를 일으킬 수 있고, 특히 어린 강아지에게는 치명적일 수 있다.

12. 가금의 뼈

소나 돼지 뼈와 달리 닭 등 가금의 뼈는 대나무처럼 뾰족하게 부서지므로 소화기관에 상처를 입히거나 천공, 폐전색증을 유발할 수 있다.

13. 조미료, 향신료

과다한 염분은 개의 간에 부담을 준다. 설탕, 비타민은 미네랄의 흡수를 저해하고 당뇨병이나 비만의 원인이 된다. 향신료는 위를 자극해 설사를 유발한다.

14. 날달걀 흰자

흰자의 아비진 성분이 장 속의 비오틴을 결합해 그 흡수를 저해한다. 비오틴 결핍은 설사, 식욕 부진, 피부질환 등을 유발한다.

달걀의 노른자는 다량의 비오틴을 함유하고 있다.

15. 과자 종류

스낵 과자 등 과자류에는 소금이나 설탕, 인공 착색료 등이 있어 장기간 섭취 시 체내 축적되어 개의 신장, 간에 부담이 된다.

제4장
반려동물 영양학 A

제1절 신체 5대 영양소

1. 5대 영양소의 정의와 종류

1) 단백질

단백질은 효소와 호르몬, 항체, 에너지 생성 등의 주요 생체 기능을 수행하고, 피부, 근육, 뼈 등의 구조물질을 구성하는 건강 유지에 필수적인 영양소이다. 살아 있는 세포 중에 수분 다음으로 많이 들어 있는 영양소이기 때문에 음식으로 필요한 단백질을 공급해주는 것이 건강 유지에 좋다.

포도당으로 분해되어 에너지원을 생성하는 탄수화물과는 다르게 인체에 필요한 단백질로 합성해 에너지 대사에 쓰인다.

2) 무기질

무기질은 식품을 완전히 연소시켰을 때 재처럼 남는 것을 말한다. 생물체를 구성하는 원소 중에 산소, 수소, 탄소, 질소를 제외한 원소를 무기질이라고 하며, 광물질이라고도 한다. 인체 체중의 약 4% 정도를 차지하는 극소량이지만 골격과 구조를 이루는 구성성분으로 중요한 영양소이다.

무기질은 대량 무기질과 미량 무기질로 나눌 수 있다. 대량 무기질은 나트륨, 칼슘, 마그네슘, 칼륨, 인, 염소가 있고, 미량 무기질은 철, 요오드, 아연, 구리, 망간, 크롬 등의 성분이 있다.

3) 비타민

비타민은 그 자체로 에너지를 생산하는 것은 아니지만 탄수화물, 지방, 단백질의 에너지를 생산하도록 돕거나 인체의 기능을 정상적으로 조절해주는 유기화합물이다. 에너지원으로 쓰이지 않기 때문에 부영양소라고도 하며, 체내에서 합성되지 않으므로 음식물을 통해 섭취해야 한다.

비타민은 지용성 비타민과 수용성 비타민으로 나눌 수 있다. 지용성 비타민에는 A, D, E 및 K가 있고, 수용성 비타민에는 비타민 B와 C가 있다. 두 비타민은 서로 다르게 작용하는데 수용성 비타민은 가열 시 손실이 쉽지만 체내에 축적되지 않고 배설된다. 반면 지용성 비타민은 체내에 쉽게 축적되어 질병을 유발할 수 있다.

4) 탄수화물

탄수화물은 전체 에너지의 60-70%를 차지하는 주된 영양소로 인체에 꼭 필요하다. 한국인의 식사 가운데 큰 비중을 차지하는 쌀, 보리, 밀가루 등이 탄수화물의 주성분이다. 에너지를 공급하고 저장하는 중요한 영양소로, 포도당과 같은 단당류로 분해되어 흡수된다.

포도당은 탄수화물 내에서 비교적 작은 분자로 물에 녹아 단맛이 난다. 이를 당류라고 하는데 당류는 분자 수에 따라 단당류, 이당류, 다당류로 구분한다.

몸을 구성하는 단백질, 지방보다 비율이 낮으므로 이를 과도하게 섭취 시, 글리코겐과 지방의 형태로 체내 저장되어 몸에 무리가 올 수 있고, 부족 시에는 열량 섭취 부족의 원인이 된다.

5) 지방

지방은 뇌의 65%를 차지하며, 3대 영양소 중 가장 많은 에너지를 만드는 영양소이다. 체내에서 일정한 체온을 유지시켜 주고 외부 충격으로부터 장기를 보호해주고 힘을 내게 해준다.

지방은 흔히 온도가 낮아지면 고체로 굳어버리는 포화 지방(fat)과 액체 상태로 있는 불포화 지방(oil)의 두 종류가 있다. 포화 지방은 육류에 많이 들어 있고, 불포화 지방은 식물성 기름과 등푸른 생선에 많이 들어 있다. 포화 지방은 적절히 섭취 시 체온 유지, 충격 완화의 역할을 하지만, 과다 섭취 시 비만이나 동맥경화 등의 원인이 될 수 있다. 불포화 지방은 중성 지방이나 콜레스테롤을 줄여주는 역할을 하지만, 과다 섭취 시 고혈압의 원인이 되므로 적절하게 섭취해야 한다.

2. 5대 영양소의 역할

1) 단백질

- 효소와 호르몬 생성
- 항체 생성
- 에너지 생성
- 피부, 근육, 뼈 등의 구조물질 형성
- 혈액 응고에 필요
- 체내에서 영양소 등 운반
- 체액의 유지와 전해질 균형 유지에 도움을 줌

- 산-염기 균형 유지에 도움을 줌

2) 무기질

- 생활 기능의 조절
- 세포의 기능을 완수하도록 도움을 줌
- 체내에서 적절한 pH를 유지
- 수분대사 조절

(1) 다량 무기질

- **칼슘:** 치아와 뼈 형성, 혈액 응고, 근육 수축·이완 작용, 신경 흥분 억제
- **인:** 치아와 뼈 형성, 산-염기 균형 조절
- **마그네슘:** 치아와 뼈 형성, 효소반응 촉매 역할
- **나트륨:** 칼륨과 같이 혈압 조절
- **칼륨:** 나트륨과 같이 혈압 조절

(2) 미량 무기질

- **철분:** 혈액의 구성성분, 산소 운반 및 탄산가스 제거
- **요오드:** 기초대사율 조절, 갑상선 호르몬 합성
- **아연:** 탄산가스 제거, 단백질 합성에 관여, 미각 지원
- **구리:** 헤모글로빈 합성
- **망간:** 열량 및 단백질 대사 관련 효소
- **크롬:** 포도당 대사, 인슐린 호르몬과 관련

3) 비타민

(1) 지용성 비타민

- **비타민 A:** 신체 저항력 강화

- 비타민 D: 생리적 기능 조절 및 생체의 대사 조절

(2) 수용성 비타민

- 비타민 B: 만성 피로, 체지방 개선
- 비타민 C: 뼈, 혈관, 치아 등의 건강 유지, 항산화 작용

4) 탄수화물

- 에너지 공급
- 장내 운동(소화기관 근육의 수축 자극)
- 신체 구성성분(칼슘의 흡수에 도움을 줌)
- 단백질 절약 작용(단백질이 제 기능을 할 수 있도록 도와줌)

5) 지방

(1) 식품 내

- 농축된 열량: 1g에 9 kcal의 에너지 생성
- 신체(뇌, 신경조직, 간)의 구성성분
- 필수 지방산의 급원: 체내 합성이 되지 않아 반드시 음식으로 섭취
- 지용성 비타민의 용매로 작용
- 음식을 부드럽게 함
- 음식의 향미 증진
- 식욕 증진

(2) 체내

- 저장 에너지의 주요 형태
- 근육이 일하는 데 필요한 에너지 원료의 급원
- 부족 시 비상용 에너지 원료로 사용

- 내장 장기의 보호, 세포막의 주요 성분
- 피하지방의 환경 온도 변화로부터 보호 기능
- 체내에서 필요한 다른 물질로 전환

3. 5대 영양소 함유식품

1) 단백질

단백질	함유식품
고기 및 생선류	돼지고기, 닭고기, 쇠고기, 생선, 조개, 소시지
알류	달걀, 메추리알
콩류	콩, 두부, 된장, 청국장

2) 무기질

(1) 다량 무기질

원소	함유식품
칼슘	우유 및 유제품, 녹색 채소
인	우유 및 유제품, 곡류 및 콩류, 육류
마그네슘	녹색 채소, 곡류 및 콩류, 견과류
나트륨	육류, 생선, 우유 및 유제품, 달걀, 파우더, 화학 조미료 등
칼륨	곡류 및 콩류, 육류, 과일, 녹색 채소

(2) 미량 무기질

원소	함유식품
철	육류, 달걀, 말린 과일
요오드	해조류
아연	굴, 간, 육류, 달걀, 두류
구리	굴, 간, 채소류, 과일류, 종실류
망간	통밀류, 견과류, 종자류
크롬	녹색 채소, 곡류, 효모

3) 비타민

(1) 지용성 비타민

비타민	함유식품
비타민 A(레티놀)	진노랑색 과일과 야채(당근, 늙은호박, 멜론, 살구, 홍고추 등), 진녹색 야채(브로콜리, 시금치, 쑥갓 등), 우유 및 유제품, 달걀
비타민 D(칼시페롤)	식물성 기름(옥수수유, 면실유, 대두유, 마가린), 대구간유, 햇빛에 의해 생김
비타민 K	녹색 채소, 곡류, 빵, 장내 박테리아에 의해 합성됨

(2) 수용성 비타민

비타민	함유식품

비타민 B1(티아민)	굴, 간, 육류, 달걀, 곡류 및 콩류
비타민 B2(리보플라빈)	우유 및 유제품, 달걀, 완두콩과 말린 콩
비타민 B6(피리독신)	육류, 어류, 가금류, 빵, 오트밀, 아보카도, 바나나, 녹색 채소
비타민 B12(코발라민)	육류, 어류, 굴, 내장육, 달걀, 유제품, 식물성 식품에는 없음
비타민 C(아스코르브산)	감귤류(오렌지, 자몽 등), 기타 과일류, 브로콜리, 양배추, 야채류

4) 탄수화물

탄수화물	함유식품
곡류 및 제품류	쌀, 보리, 조, 수수, 옥수수, 밀가루, 국수, 라면, 식빵, 과자류, 떡, 설탕
감자류	감자, 고구마, 토란, 당면

5) 지방

지방산	함유식품
ω-6계 지방산	들깨기름, 등푸른 생선(고등어, 꽁치, 청어 등)
ω-3계 지방산	콩기름, 옥수수기름, 참기름 등

제2절 약이 되는 간식

1. 요거트

요거트는 칼슘, 단백질, 활생균(프로바이오틱스) 등을 풍부하게 함유하고 있다. 게다가 더운 여름에 차가운 요거트나 요거트 아이스크림은 좋은 간식이 된다.

다만 반려견을 위해 설탕이나 인공감미료를 뺀 무가당 요거트로 고른다. 만약 당신의 반려견이 통통하다면, 무지방 요거트가 바람직하다.

'심플리스'나 '올레스트라' 같은 지방 대체제가 들어간 요거트도 피한다.

2. 아마씨

아마씨는 오메가 3 지방산과 섬유소가 풍부해서. 반려견의 피부와 털에 좋다. 지방산은 빠르게 산패하기 때문에 도정하지 않은 아마씨가 더 좋다.

특히 아마씨유는 섬유소 없이 오메가 3 지방산만 농축되어 더 강한 효과를 볼 수 있다. 아마씨나 아마씨유는 불투명한 용기에 밀폐해서 냉장고에 보관하는 것이 좋다.

3. 연어

기름진 연어도 오메가 3의 보고라서, 반려견의 피부와 털 건강에 좋다. 게다가 면역력을 높이고, 알레르기를 개선시키는 효과도 볼 수 있다.

연어나 연어 기름 형태로 먹여도 괜찮다. 다만 연어를 줄 때는 익혀서 줘야 한다. 날것으로 먹이면 기생충을 옮길 위험이 있다.

4. 호박

단호박은 색깔이 선명하고 윤기가 나며, 들었을 때 크기에 비해 무거운 것이 좋으며, 반을 잘랐을 때 과육이 두껍고 진한 황색을 띠는 것이 좋다.

단호박은 100g당 55–70 kcal이며 식이섬유, 단백질, 지질, 비타민 A, 비타민 B군을 다량 함유하고 있어 다이어트, 눈 건강, 면역력 향상, 변비에 효능이 있다. 과다 섭취 시에는 두통, 피로감을 느낄 수 있으므로 급여에 주의한다.

5. 고구마

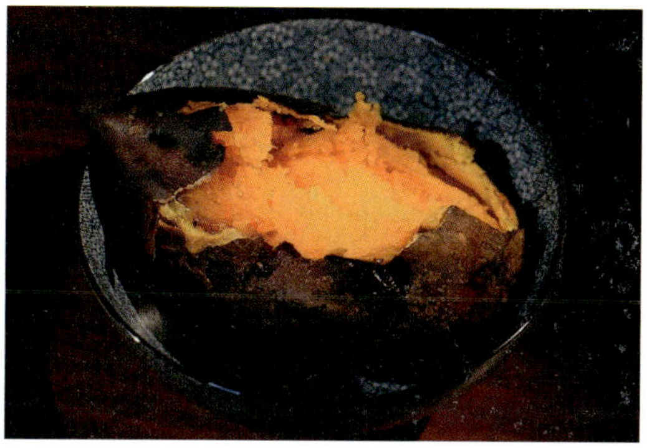

고구마는 표면이 단단하고, 껍질 색이 선명하며, 잔털이 없으며 상처가 없는 것이 좋다. 고구마는 식이섬유가 많아 변비에 도움을 주고 베타카로틴이 풍부해 각종 암세포 증식을 억제하는 데 도움을 준다.

고구마는 100g당 120-130 kcal이며 고구마를 다양한 간식과 주식에 첨가하여 반려동물의 건강은 물론 성인병 예방에 큰 효과를 얻을 수 있다. 그러나 과다 섭취로 인해 비만 및 신장 결석이 올 수 있으니 급여에 주의한다.

6. 껍질콩(깍지콩)

껍질콩은 식물 섬유소, 비타민 K, 비타민 C, 망간 등의 보고다. 게다가 칼로리가 낮

아서 비만 반려동물에게 좋은 다이어트 식품이다.

해외에서는 얼린 껍질콩을 반려견 간식으로 애용한다.

7. 달걀

달걀은 껍질이 거칠고 윤기가 없으며, 비릿하거나 역한 냄새가 나지 않고, 달걀을 깨었을 때 노른자와 흰자가 탱글탱글한 것이 신선하다. 달걀에는 난각 번호가 있는데, 앞 4자리 숫자는 산란일을 표기한 것이며 제일 뒤 1자리의 숫자는 사육환경을 뜻하는데, 1: 유기농, 2: 방사, 3: 축사, 4: 케이지(아파트형)이고, 중간의 5가지 글자는 생산 농장의 고유 번호를 뜻한다. 산란일, 사육환경을 보고 고르는 것이 중요하다.

삶은 달걀 1개는 60~80 kcal이다. 달걀은 필수 아미노산이 풍부한 완전한 식품으로 칼로리가 낮으며 다이어트, 체력 향상, 식욕 증진, 두뇌 활동 및 뇌 건강에 효능이 뛰어나지만, 콜레스테롤이 높으므로 한 번에 많이 급여하지 않도록 주의한다.

8. 맥주 효모

개에게 빵을 구울 때 쓰는 이스트는 해롭지만, 맥주 효모는 이롭다.

개는 맥주를 만들고 남은 효모의 톡 쏘는 맛을 좋아한다. 비타민 B가 풍부해서 피부와 털 그리고 당질 대사에 좋다.

입맛 까다로운 반려견을 모시고 산다면, 밥그릇에 맥주 효모 분말을 살짝 뿌려보길 권한다. 반려견이 밥그릇에 코를 박고 먹는 모습을 볼 수 있다.

9. 사과

사과는 일상에서 쉽게 접하는 좋은 간식이다. 사과를 껍질째 먹으면 식물만 가진 영양소(Phytonutrients), 비타민 A, 비타민 C, 섬유소 등을 섭취할 수 있고, 식물 영양소는 항암효과가 있다.

다만 사과 씨는 시안화물을 함유해 해롭기 때문에, 사과 중심을 제거하고 주는 것이 좋다. 한두 번 먹는다고 해롭진 않지만, 매일 축적되면 위험하다.

10. 오트밀

오트밀은 소화가 잘되는 섬유질을 함유해서 노령견의 관절에 좋다. 또한 밀 알레르기가 있는 개에게 대체 곡물로 오트밀이 좋다.

프로바이오틱스와 함께 먹이면 영양가를 더 높일 수 있다. 익혀서 먹여야 하고, 무가당 제품을 골라야 한다. 사료나 간식에 응용 가능하다.

11. 닭고기

닭고기는 육질에 탄력이 있고 단단하고 윤기가 있으며, 목과 발목이 붉고, 닭 표면이 오돌토돌한 것이 신선하다.

닭고기는 100g당 117 kcal이며 단백질, 인, 칼륨, 비타민 A, 비타민 B1, 비타민 B2, 철, 지질 등을 다량 함유하고 있다. 닭 가슴살은 단백질이 많이 들어 있어 피부, 이빨, 뼈의 성장에 도움 된다. 냉장 보관 시 0–5℃에서 2일, 냉동 보관 시 −18℃ 이하에서 1개월간 보관할 수 있다.

12. 오리고기

오리고기는 지방이 윤기 있고 탄력 있으며 흰 것을 고른다. 오리의 살은 선홍색을 띠는 것이 신선하다.

오리고기는 100g당 130 kcal이며 단백질, 비타민 A, 비타민 B1, 비타민 B2, 비타민 B6, 비타민 C, 엽산, 칼륨 등을 다량 함유해 혈관 질환 예방 및 면역력 강화, 해독 효과가 뛰어나며 모질은 물론 다이어트에도 효과가 있다. 오리고기는 동물성 지방 중에서도 불포화 지방산 함량이 높다. 포화 지방산은 혈중 콜레스테롤을 상승시키지만 불포화 지방산은 혈중 콜레스테롤을 감소시키는 식품이다. 냉장 보관 시 0–5℃에서 2일, 냉동 보관 시 −18℃ 이하에서 1개월간 보관할 수 있다.

13. 소고기

소고기는 살이 밝은 선홍색이며 탄력 있고, 지방이 유백색이고 선명하며 윤기나는 것이 좋다. 질이 좋은 고기는 살코기가 단단하고 미세한 결을 지니며 선홍색의 육색과 마블링이 선명하다. 그런 소고기의 지방은 연하고, 크림 빛 흰색으로 고르게 분포되어 있다.

소고기는 단백질이 풍부하고 지방이 적은 등심, 홍두깨살 같은 부위를 사용하는 것이 좋다. 소고기(등심) 100g당 220 kcal이며 단백질, 아연, 철분, 비타민 등이 다량 함유되어 기력 회복에 도움을 준다. 냉장 보관 시 0–5℃에서 2일, 냉동 보관 시 −18℃ 이하에서 1개월간 보관할 수 있다.

14. 돼지고기

돼지고기는 살이 밝은 분홍색이고 광택이 있으며, 지방이 백색이고 조직이 단단하여 탄력감이 있는 것을 고른다.

돼지고기는 단백질, 미네랄, 비타민 B1, 인, 지질, 칼슘 등이 함유되어 있다. 지방이 적은 안심, 목살 등을 많이 사용한다. 소고기에 비해 불포화 지방산 함량이 2–6배나 높고 돼지의 기름은 몸에서 쉽게 빠져나간다. 부위별, 기름 함량에 따라 칼로리가 다르다. 100g당 220 kcal이며 냉장 보관 시 0–5℃에서 1–2일, 냉동 보관 시 −18℃ 이하에서 15일–1개월간 보관할 수 있다.

15. 건조 멸치

멸치는 투명하고 잡티가 없는 것이 건조가 잘된 것이며, 은빛이 나며 색이 맑은 것이 좋다. 먹었을 때 이물감이 없으며 짜지 않은 것을 선택한다. 누런색을 띠는 것은 급여하지 않는 것이 좋다.

건조 멸치는 100g당 117 kcal이며 칼슘, 단백질, 지질, 철분, 칼륨, 무기질 등이 풍부하여 뼈 건강과 성장 발육에 효과가 있다. 다량의 첨가물인 나트륨을 제거한 후 급여해야 한다.

16. 북어

북어는 속살이 노랗고 크기가 중간인 것이 맛이 좋으며, 부드러운 것이 품질이 좋다. 100g당 280–300 kcal이며 단백질, 지질, 칼슘, 비타민 B군, 칼륨, 아연, 철분, 나이신 등이 다량 함유되어 원기 회복 및 해독작용이 뛰어나며 면역력 강화 및 탈모 예방과 간 건강에 효능이 있다. 나트륨을 다량 함유하고 있으므로 건강을 위해 나트륨을 제거한 후 급여한다.

17. 두부

두부는 여러 가지 영양소가 많이 들어 있는 다이어트 식품이지만, 만들 때 간수를 사용하기 때문에 나트륨을 빼고 급여하는 것이 좋다. 유전자 변형된 대두로 만든 두부도 많이 있으니 급여 때 주의한다.

두부는 100g당 70–90 kcal이며 탄수화물, 칼슘, 단백질, 지방, 당류, 인, 철, 나트륨,

비타민 B1, 비타민 B2 등을 다량 함유하고 있다. 두부는 칼로리가 낮아 다이어트 식품으로 많이 공급한다. 뇌 건강, 뼈 질환에도 큰 효과가 있다.

18. 브로콜리

브로콜리는 봉우리가 다물어져 있고, 색이 선명하며 단단한 것이 좋다.

브로콜리는 100g당 25–30kcal이며 탄수화물, 식이섬유, 단백질, 비타민, 칼슘, 철분, 마그네슘 등을 다량 함유하고 있다. 미네랄이 많고 항산화 성분이 함유되어 세포 손상을 억제하고, 암을 예방하며, 혈당 조절, 심장 건강 개선, 장 건강, 다이어트 등에 효능이 있다.

19. 당근

굵고 색이 진하며 매끄럽고 단단한 것이 좋다.

당근은 100g당 35–45 kcal이며 베타카로틴이 풍부하고, 단백질, 무기질, 비타민, 섬유질을 다량 함유하여 눈 건강, 항암, 생리 현상, 다이어트에 효능이 있다. 급여할 경우 껍질을 벗기지 말아야 하는데 베타카로틴이 대부분 껍질에 있기 때문이다. 또한 생으로 급여하기보다는 가열하거나 식물성 유지를 넣어 조리했을 때 베타카로틴 흡수율이 6배 정도 높다. 다만 과다 섭취 시 장 트러블을 일으킬 수 있다.

20. 연근

연근은 굵고 길며 양 끝에 마디가 있는 것이 좋으며, 잘랐을 때 구멍의 크기가 일정한 것이 좋다.

연근은 100당 60-70 kcal이며 전분, 비타민 C, 미네랄, 타닌, 비타민 B12, 식이섬유 등을 다량 함유하여 암 예방, 지혈 효과, 위 건강, 변비 예방, 빈혈 개선 등에 효능이 있다. 과다 섭취 시 복통, 설사가 있을 수 있으므로 급여에 주의한다.

21. 파프리카

파프리카는 색깔이 선명하고 모양이 일정하고 예쁘며, 꼭지가 마르지 않고 흠집이 없

고, 표면이 매끄럽고 단단하며 두꺼운 것이 좋다.

파프리카는 100g당 40-50 kcal이며 식이섬유, 비타민 C, 비타민 B군, 비타민 A, 철분 등을 다량 함유하여 당뇨병, 고혈압, 심장병 예방에 도움을 주며 면역력 회복과 다이어트, 임산부 영양 관리에 효능이 있다.

22. 바나나

바나나는 외형에 상처가 없고, 목이 짧고 몸통이 굵으며, 색이 밝고 진한 노란색이 좋다.

바나나는 100g당 70-85 kcal이며 비타민 A, 단백질, 지방, 섬유소, 칼륨, 베타카로틴, 회분 등을 다량 함유하여 소화가 잘되며 고혈압, 동맥경화, 뇌졸중, 심장마비, 심혈관계 질환 예방에 효능이 있다. 다만 많이 섭취하게 되면 변비, 설사 등을 일으키고, 칼륨 과다로 신장에 무리를 줄 수 있다.

23. 블루베리

블루베리는 알이 굵고 갓 수확한 것이 단맛, 신맛의 조화를 이루어 좋다.

블루베리는 100g당 60-80 kcal이며 베타카로틴, 비타민 A, 비타민 B군, 비타민 C, 비타민 E, 칼륨, 칼슘, 엽산, 인 등을 다량 함유하고 있다. 또한 식이섬유가 풍부해 다이어트, 장 건강, 뼈, 관절, 눈 건강에 효능이 있고, 동맥경화, 심장병 예방에 효능이 있다. 블루베리는 찬 성질이라 과다 섭취 시 설사, 복통을 유발할 수 있으니 급여에 주의한다.

24. 우유

우유를 살 때 가장 먼저 봐야 하는 것은 등급인데 1A 등급, 1등급을 구매하는 것이 좋다. 저온 살균이나 고온 살균 중 취향에 맞는 것을 선택한다. 저온 살균은 우유의 원래 성질을 유지시켜 영양소가 거의 파괴되지 않고 생산 시간이 오래 걸린다. 고온 살균은 영양소는 파괴되지만 미생물은 없으며 생산 시간이 짧다.

우유는 100g당 60 kcal이며 단백질, 칼륨, 칼슘, 인, 베타카로틴, 비타민 B 등을 다량 함유하여 성장 발달, 골다공증 및 갱년기 증상 개선, 다이어트에 효능이 있다.

우유를 소화하지 못하는, 즉 유당 분해효소 결핍증(유당 불내증)이 있는 반려동물에게는 소화가 잘되는 락토 프리 우유를 급여하는 것이 좋다.

25. 올리브유

올리브유는 엑스트라 버진, 버진, 퓨어, 포마스 순으로 등급이 정해진다. 제일 좋은 올리브유는 엑스트라 버진으로 갓 수확한 올리브 열매를 압착하여 만든 것이고, 퓨어는 버진 올리브유와 정제된 올리브유를 혼합한 것으로 올리브유를 가열해서 사용하는 것이 특징이다.

올리브유는 100g당 750-830 kcal이며 오메가 6, 비타민 K, 비타민 E, 불포화 지방산 등을 다량 함유하고 있다. 항산화 효과가 있어 좋은 지방 공급원이지만 열량이 높아 비만 반려동물에게는 급여에 주의한다.

제3절 간식 활용의 긍정적 효과

각종 캔, 비스킷, 스틱, 육포 등 수많은 종류의 간식류가 유통된다. 간식은 개가 잘

먹는다는 이유로 절대 주식인 사료와 혼동되어서는 안 된다. 특히 예방접종이 끝나는 시기인 16주령까지는 가급적 주식 이외에는 주지 않는 것이 좋다. 소화 기능이 약한 경우 사람 음식뿐 아니라 시판되는 간식류도 설사 등의 소화기 질환을 유발한다.

간식류는 길들이기나 훈련의 보상, 혹은 칭찬 수단으로 매우 유용하게 이용된다. 간식류나 사람 음식을 줄 경우 반드시 특별한 간식이라는 것을 일깨워 주어야 하며, 그 횟수가 빈번하거나 개의 정규 식사에 포함되어서는 안 된다.

DONATE

제5장
반려동물 수제간식 A

제1절 기본 기물 소개

컨벡션 오븐

전자저울

스텐 볼

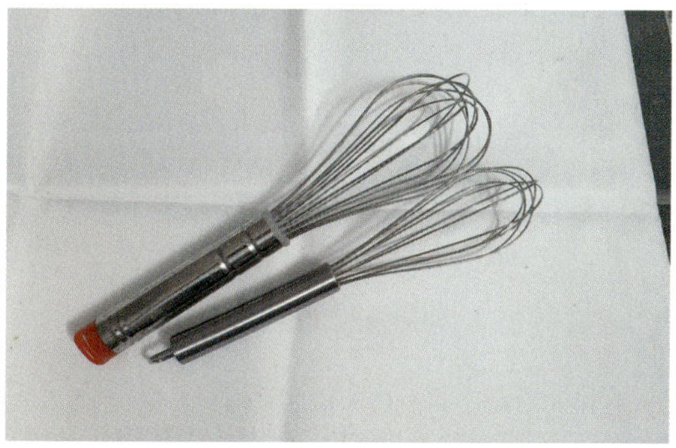

거품기

밀대, 스크래퍼

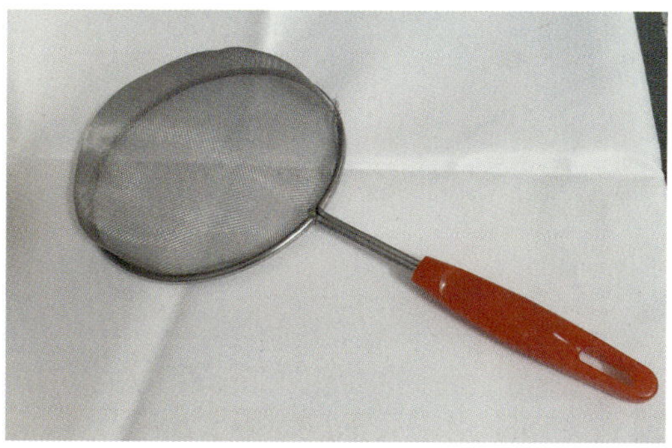

자루체

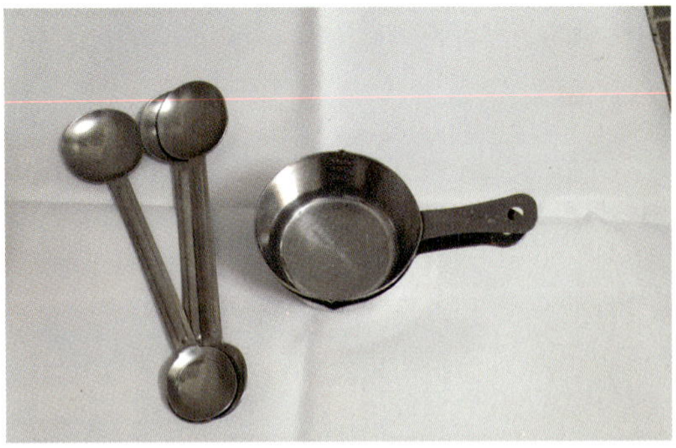

계량도구

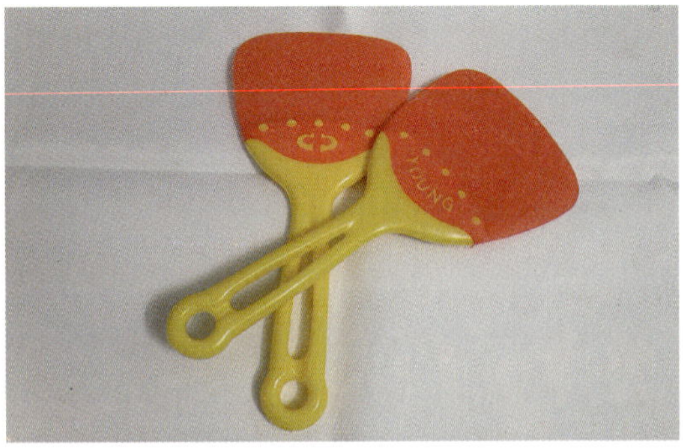

알뜰주걱

버너, 냄비

계량 접시

도마, 칼

짤주머니, 별 깍지

각종 머핀 틀, 유산지

쿠키 틀, 무스 틀

제2절 2급 과정 레시피 7가지

1. 구운 두부 스낵

재료	박력 쌀가루 60g, 닭 가슴살 파우더 10g, 두부 20g, 달걀 노른자 1개, 카놀라유 10g, 흑임자 2-3g, 달걀물(달걀 노른자 1 : 물 1), 락토 프리 우유 15g, 덧가루
조리 순서	
1. 두부를 끓는 물에 3분간 데치고 키친타월로 물기를 제거한다. 2. 볼에 두부, 달걀, 흑임자를 혼합하고 으깬다. 3. 나머지 재료를 모두 넣고 반죽을 뭉친다. 4. 뭉친 반죽을 비닐에 담아 냉장고에서 10-20분 휴지한다. 5. 휴지한 반죽을 밀대로 0.5cm 두께로 편다. 6. 가로 5cm x 세로 1.5cm 크기로 잘라서 오븐 트레이에 반죽이 서로 붙지 않도록 올린다. 7. 달걀물을 반죽 위에 바른다. 8. 180℃ 예열된 오븐에 20분간 굽는다.	
요구사항	* 완성된 구운 두부 스낵을 10개 제출하시오.
유의사항	* 소량의 덧가루를 사용하시오. * 반죽이 너무 무르지 않도록 유의하시오.
TIP	* 간수는 소금을 석출할 때 남는 모액으로 옛날부터 두부 만들 때 응고제로 사용한다.

상세 조리 순서

① 모든 재료를 계량한다.

② 두부를 끓는 물에 3분간 데치고 키친타월로 물기를 제거한다.

③ 두부, 달걀, 흑임자를 혼합하여 으깬다.

④ 쌀가루, 닭 가슴살 파우더를 혼합한 후, 우유와 카놀라유를 넣고 반죽을 뭉친다.

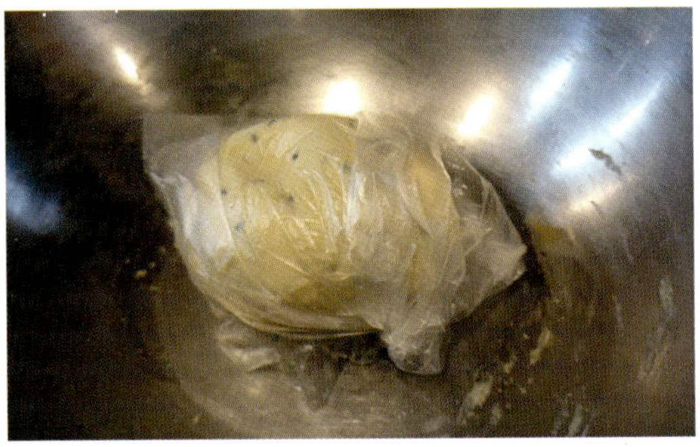

⑤ 반죽을 비닐에 담아 냉장고에서 10-20분 휴지한다.

⑥ 반죽을 밀대로 0.5cm 두께로 밀어 편다.

⑦ 가로 5cm × 세로 1.5cm 크기로 자른다.

⑧ 완성 제출 10개보다 개수를 여유 있게 자른다.

⑨ 180℃ 예열된 오븐에 20-25분간 굽는다.

⑩ 완성된 제품을 요구사항에 맞게 접시에 담아 제출한다.

2. 당근 머핀

재료	박력분 50g, 달걀 1개, 단호박 가루 10g, 카놀라유 20g, 아마씨 10g, 락토 프리 우유 15g, 당근 80g(장식용 당근 포함)

조리 순서

1. 당근은 껍질을 벗긴 후 머핀 위에 장식용으로 사용할 당근은 0.5cm 큐브 모양으로 30개 썰고, 나머지 당근은 두께 0.3cm x 길이 1cm로 자른다.
2. 달걀을 거품기로 풀어 카놀라유를 넣어 섞는다.
3. 잘라둔 당근을 넣고 섞는다.
4. 박력분과 단호박 가루를 넣고 반죽한 다음 우유와 아마씨를 넣고 섞는다.
5. 머핀 틀에 유산지 컵을 깔고 유산지 컵에 카놀라유를 살짝 발라 코팅 한다.
6. 반죽을 짤주머니에 담아 유산지 컵에 80% 정도 채운다.
7. 장식용 당근을 밀가루에 살짝 묻혀 올린다.
8. 170℃ 예열된 오븐에 20분 굽는다.

요구사항	* 완성된 당근 머핀을 10개 제출하시오.
유의사항	* 유산지에 기름을 발라 코팅 하시오.
TIP	* 장식용 당근은 밀가루에 묻혀 반죽에 콕콕 누르면 잘 떨어지지 않는다.

상세 조리 순서

① 모든 재료를 계량한다.

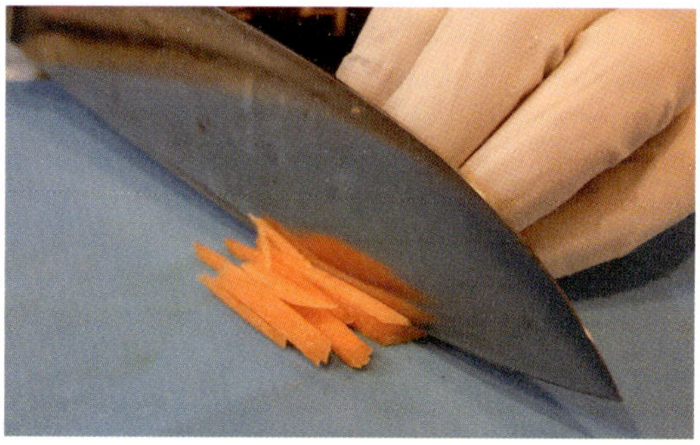

② 당근은 껍질을 벗겨 두께 0.3cm × 길이 1cm로 자른다.

③ 장식용 당근은 0.5 × 0.5cm로 30개 만든다.

④ 달걀을 거품기로 푼 뒤 카놀라유를 넣어 섞는다.

⑤ 당근과 밀가루, 단호박 가루를 넣고 반죽한다.

⑥ 우유와 아마씨를 넣고 섞는다.

⑦ 골고루 잘 섞는다.

⑧ 반죽을 짤주머니에 넣는다.

⑨ 머핀 틀에 유산지 컵을 깔고 카놀라유를 살짝 발라 코팅 한다.

⑩ 유산지 컵에 반죽을 80% 정도 채운다.

⑪ 장식용 당근을 밀가루에 살짝 묻혀 올린 다음 170℃ 예열된 오븐에 20분 굽는다.

⑫ 완성된 제품을 요구사항에 맞게 접시에 담아 제출한다.

3. 강아지 피자

재료	통밀가루 40g, 박력 쌀가루 40g, 다진 소고기 60g, 달걀 노른자 1개(20g), 단호박 20g, 당근 20g, 락토 프리 우유 30g, 올리브유 20g, 고구마 100g, 유기농 아기 치즈 2장, 파슬리 플레이크, 덧가루
조리 순서	
1. 고구마를 삶아 뜨거울 때 으깨어 짤주머니에 담는다. 2. 당근과 단호박을 0.5 x 0.5cm 크기로 자른다. 3. 통밀가루, 박력 쌀가루, 달걀 노른자, 락토 프리 우유, 올리브유를 넣고 섞어 한 덩어리가 되도록 반죽한다. 4. 반죽을 비닐에 담아 상온에서 10분 휴지한다. 5. 반죽 100g을 밀대로 지름 17cm 크기의 원형으로 민다. 6. 포일 접시에 반죽을 올리고 다진 소고기를 반죽 테두리 2cm 안쪽으로 얇게 펴서 올린다. 7. 잘라놓은 단호박, 당근을 토핑 하고 유기농 치즈로 덮는다. 8. 고구마 무스를 반죽 테두리에 지름 2cm 크기로 토핑 한다. 9. 200℃ 예열된 오븐에 20분 굽는다. 10. 구워진 피자에 파슬리 가루로 장식한다.	
요구사항	* 완성된 17cm 크기의 피자를 1개 제출하시오.
유의사항	* 치즈가 타지 않도록 유의하시오. * 반죽이 너무 무르지 않도록 유의하시오.
TIP	* 18 포일 접시: 17cm 피자, 반죽 100g, 고기 60g, 당근, 단호박 20g씩 1개 * 14 포일 접시: 13cm 피자, 반죽 50g, 고기 25g, 당근, 단호박 10g씩 1개

상세 조리 순서

① 모든 재료를 계량한다.

② 고구마를 삶아 뜨거울 때 으깨어 짤주머니에 담는다.

③ 당근과 단호박을 0.5 × 0.5cm 크기로 자른다.

④ 통밀가루, 박력 쌀가루, 달걀 노른자, 락토 프리 우유, 올리브유를 넣고 섞는다.

⑤ 한 덩어리가 되도록 반죽한다.

⑥ 반죽을 비닐에 담아 10분간 상온 휴지한다.

⑦ 반죽 100g을 밀대로 지름 17cm 크기의 원형으로 민다.

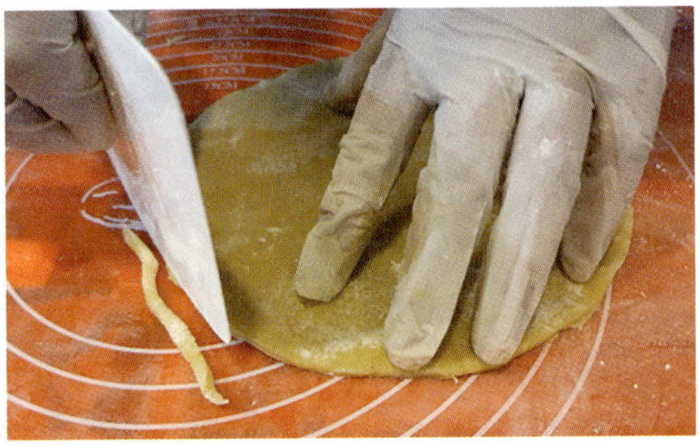

⑧ 반죽 테두리를 약간 정리한다.

⑨ 포일 접시에 반죽을 올리고 반죽의 모양을 잡는다.

⑩ 다진 고기를 반죽 테두리 2cm 안쪽으로 얇게 펴고 단호박과 당근을 올린다.

⑪ 치즈를 잘라서 토핑 하고, 고구마 무스를 반죽 테두리에 지름 2cm 크기로 토핑 한다. 200℃ 예열된 오븐에 20분 굽는다.

⑫ 구워진 피자에 파슬리 가루로 장식하고 접시에 담아 제출한다.

4. 포크 머핀

재료	다진 돼지고기 60g, 박력 쌀가루 40g, 보릿가루 20g, 달걀 노른자 1개(20g), 올리브유 10g, 락토 프리 우유 30g, 물 20g, 단호박 25g, 아마씨 10g
조리 순서	
1. 단호박은 0.5 x 0.5cm 크기로 자른다. 2. 쌀가루, 보릿가루, 달걀 노른자, 올리브유, 락토 프리 우유를 넣고 섞는다. 3. 섞은 반죽에 돼지고기와 단호박을 섞는다. 4. 반죽 농도를 보고 물을 조절하여 첨가한다. 5. 머핀 틀에 유산지 컵을 깔고 올리브유를 살짝 발라 코팅 한다. 6. 반죽을 짤주머니에 담아 유산지 컵에 80% 정도 채운다. 7. 아마씨를 반죽 위에 올려 장식한다. 8. 180℃ 예열된 오븐에 20분 굽는다.	
요구사항	* 완성된 포크 머핀을 10개 제출하시오.
유의사항	* 주어진 재료를 전량 사용하시오.
TIP	

상세 조리 순서

① 모든 재료를 계량한다. 단호박은 0.5 x 0.5cm 크기로 자른다.

② 쌀가루, 보릿가루, 달걀 노른자, 올리브유, 락토 프리 우유를 넣고 섞는다.

③ 섞은 반죽에 돼지고기와 단호박을 섞는다. 반죽 농도를 보고 물을 조절하여 첨가한다.

④ 반죽을 짤주머니에 담아 코팅 한 유산지 컵에 80% 정도 채운다. 아마씨를 반죽 위에 올려 장식한다.

⑤ 180℃ 예열된 오븐에 20분 굽는다.

⑥ 완성된 제품을 요구사항에 맞게 접시에 담아 제출한다.

5. 고구마 상투과자 – 푸들 기능성 간식

재료	고구마 150g, 달걀 노른자 1개, 꿀 30g, 락토 프리 우유 15g, 건블루베리 15알
조리 순서	
1. 고구마는 껍질을 벗기고 2 x 2cm 정도의 큐브 형태로 썬다. 2. 자루냄비에 고구마가 잠길 정도로 물을 붓고 물러지도록 20분 이상 삶는다. 3. 고구마를 체에 내리고 볼에 담은 뒤 꿀과 노른자를 넣고 우유를 넣어 섞는다. 4. 짤주머니에 별 깍지를 끼운 뒤 팬에 지름 3.5-4cm 크기의 상투 모양으로 균일하게 짠다. 5. 반죽 위에 건블루베리를 올려 장식한다. 6. 190℃ 예열된 오븐에 20분 굽는다.	
요구사항	* 완성된 고구마 상투과자를 10개 제출하시오.
유의사항	* 고구마를 삶을 때 물을 적당량 사용하시오. * 상투과자를 짤 때 균일하게 짜시오.
TIP	* 고구마가 잠길 정도로 물을 넣고 센 불에서 10분 정도 익히다 중불로 줄인다. * 고구마를 으깰 때 목장갑, 1회용 비닐장갑을 준비하면 용이하다.

상세 조리 순서

① 모든 재료를 계량한다.

② 고구마는 껍질을 벗기고 2 x 2cm 정도의 큐브 형태로 썬다.

③ 냄비에 고구마가 잠길 정도로 물을 붓고 물러지도록 20분 이상 삶는다.

④ 고구마를 체에 내린다.

⑤ 꿀과 노른자를 넣고 우유를 넣어 섞는다.

⑥ 별 깍지를 끼운 짤주머니에 반죽을 담는다.

⑦ 지름 3.5-4cm 크기로 짠다.

⑧ 반죽 위에 건블루베리로 장식하고, 190℃ 예열된 오븐에 20분 굽는다.

⑨ 완성된 제품을 요구사항에 맞게 접시에 담아 제출한다.

6. 단호박 양갱 - 요키 기능성 간식

재료	단호박 가루 10g, 한천 분말 10g, 물 270g, 닭 가슴살 파우더 10g, 꿀 20g
조리 순서	
1. 그릇에 분량의 물과 한천 가루를 넣고 10분간 불린다. 2. 1.에 단호박 가루, 닭 가슴살 파우더를 함께 넣고 거품기로 잘 섞는다. 3. 2.를 체에 한 번 내린 후 냄비에 붓는다. 4. 냄비를 불에 올려 끓기 시작하면 약한 불에 5분간 더 끓인다. 5. 꿀을 넣고 1-2분간 약한 불에 끓인다. 6. 몰드에 넣어 상온에서 40분간 굳힌다. 7. 완전히 굳으면 몰드에서 빼낸다.	
요구사항	* 완성된 양갱을 6개 제출하시오. * 1개: 5.5 × 5.1cm * 몰드 전체 크기: 14 × 18.4cm / 6구
유의사항	* 눋지 않게 거품기나 주걱으로 계속 저으시오. * 단호박 가루, 닭 가슴살 파우더를 넣고 덩어리가 생기지 않도록 거품기로 푸시오.
TIP	* 몰드 크기에 따라 그 수는 달라진다. * 냉동실에 넣어 먹기 30분 전에 꺼내어 준다.

상세 조리 순서

① 모든 재료를 계량한다.

② 그릇에 분량의 물과 한천 가루를 넣고 10분간 불린다.

③ 단호박 가루, 닭 가슴살 파우더를 함께 넣고 거품기로 잘 섞는다.

④ 체에 한 번 내린 후 냄비에 붓는다.

⑤ 냄비를 불에 올려 끓기 시작하면 약한 불에 5분간 더 끓인다.

⑥ 꿀을 넣고 1-2분간 약한 불에 끓인다.

⑦ 몰드에 넣어 상온에서 40분간 굳힌다.

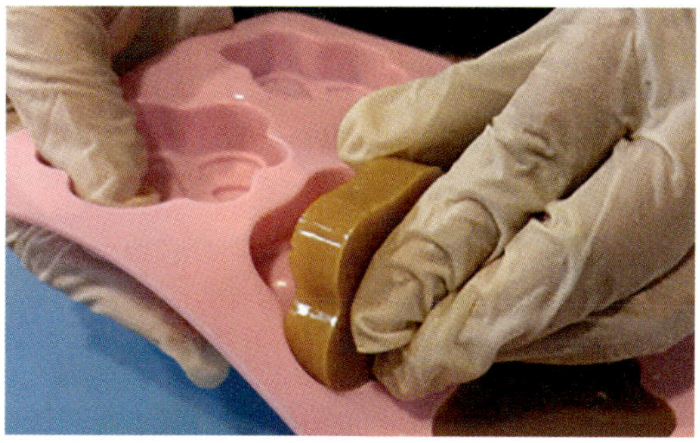

⑧ 완전히 굳으면 몰드에서 빼낸다.

⑨ 완성된 제품을 요구사항에 맞게 접시에 담아
제출한다.

7. 두부 스테이크 - 몰티 기능성 간식

재료	두부 150g, 소간 파우더 8g, 당근 30g, 달걀 노른자 2개, 쌀가루 30g, 올리브유 10g, 두부 스테이크 성형 후 표면에 바를 올리브유 20g
조리 순서	
1. 두부는 0.5cm 두께로 썰어 끓는 물에 3분 데친 후 찬물에 헹구어 체에 밭쳐 물기를 뺀다. 2. 체에 밭친 두부는 면보를 이용하여 수분을 완전히 제거한다. 3. 당근은 곱게 다져 준비한다. 4. 볼에 다진 두부, 다진 당근, 소간 파우더를 넣고 섞은 후 달걀 노른자, 쌀가루를 넣고 섞은 다음, 올리브유를 넣고 섞는다. 5. 위생장갑을 착용한 손으로 주물러 응집되도록 만든다. 6. 두께 0.5cm x 넓이 7cm로 두부 스테이크를 만든다. 7. 스테이크 표면에 올리브유를 바른다. 8. 180℃ 예열된 오븐에 20-25분간 굽는다.	
요구사항	* 완성된 두부 스테이크를 4개 제출하시오.
유의사항	* 많이 치대어 공기를 뺀 후 스테이크를 만드는 것이 응집력을 높인다. * 성형이 다 된 두부 스테이크 표면에 주어진 올리브유를 전량 바르시오.
TIP	* 두부 스테이크는 팬에 노릇하게 구워도 된다.

상세 조리 순서

① 모든 재료를 계량한다.

② 두부는 0.5cm 두께로 썰어 끓는 물에 3분 데친 후 찬물에 헹구어 체에 걸러 물기를 뺀다.

③ 당근은 곱게 다져 준비한다.

④ 볼에 두부를 으깬다.

⑤ 볼에 다진 당근, 소간 파우더를 넣고 섞은 후 달걀 노른자, 쌀가루를 넣고 섞은 다음 올리브유를 넣고 섞는다.

⑥ 날가루가 없도록 잘 섞는다.

⑦ 위생장갑을 착용한 손으로 주물러 응집 되도록 만든다.

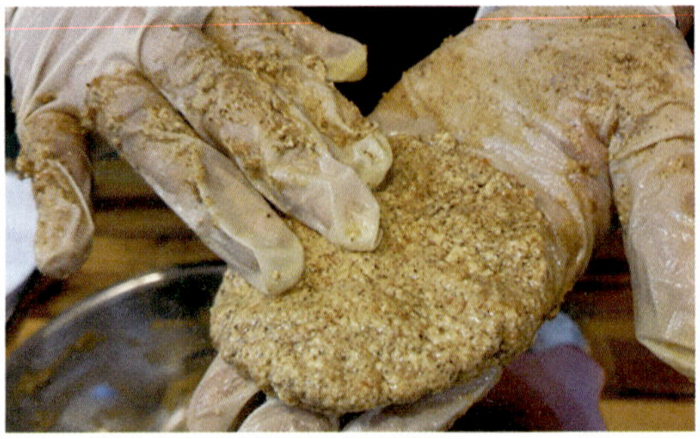

⑧ 두께 0.5cm x 넓이 7cm로 두부 스테이크를 만든다.

⑨ 스테이크 표면에 올리브유를 바르고, 180℃ 예열된 오븐에 20-25분간 굽는다.

⑩ 완성된 제품을 요구사항에 맞게 접시에 담아 제출한다.

제3절 보너스 레시피 7가지

1. 아마씨 쌀 비스킷

재료	박력 쌀가루 100g, 달걀 노른자 3개, 올리브유 10g, 우유 40g, 아마씨 20g(아마씨 대체용: 캐롭 파우더 20g 또는 소간 파우더 20g)
조리 순서	
1. 박력 쌀가루를 체에 내린다. 2. 체에 내린 쌀가루에 달걀 노른자, 올리브유를 넣어 반죽한다(반죽이 되직하다면 물을 첨가하면서 반죽한다). 3. 반죽이 한 덩이로 되도록 잘 뭉친다. 4. 반죽을 냉장고에서 30분간 휴지한다. 5. 반죽을 밀대로 0.5cm 두께로 밀어 편다. 6. 작은 쿠키 틀로 찍어 오븐 트레이에 반죽이 서로 붙지 않도록 올린다. 7. 170℃ 예열된 오븐에 20분간 굽는다.	
유의사항	* 소량의 덧가루를 사용하시오. * 반죽이 너무 무르지 않도록 유의하시오.
TIP	

2. 단호박 쿠키

재료	밀가루 100g, 쌀가루 50g, 단호박 30g, 달걀 1개, 올리브유 2Ts
조리 순서	
1. 단호박을 깨끗이 씻어서 준비한다. 2. 단호박을 반으로 갈라서 씨와 껍질을 제거한 후 쪄낸다. 3. 믹싱볼에 올리브유 1ts을 두르고 달걀을 넣어 섞는다. 4. 3.에 밀가루와 쌀가루를 체에 내려 잘 섞는다. 5. 4.에 단호박을 곱게 다져 섞는다. 6. 냉동실에서 30분 정도 휴지한다. 7. 반죽을 밀대로 0.5cm 두께로 밀어 편다. 8. 쿠키 표면에 올리브유를 바른다. 9. 180℃ 예열된 오븐에 25분 굽는다.	
유의사항	* 소량의 덧가루를 사용하시오. * 반죽이 너무 무르지 않도록 유의하시오.
TIP	* 휴먼 간식: 으깬 단호박 100g, 박력분 100g, 전분 60g, 버터 80g, 슈거 파우더 30g, (설탕은 15g) 단호박 껍질 조금, 이쑤시개 1. 버터 크림화 + 으깬 단호박을 섞는다. 2. 가루류를 체 친다. 3. 모양을 잡고 단호박 껍질을 장식으로 올린다.

3. 수제 빼빼로

재료	통밀가루 50g, 쌀가루 50g, 달걀 노른자 2개, 올리브유 10g, 물 20g, 캐롭 파우더 반죽(물 10g, 캐롭 파우더 10g), 아마씨 10g, 코코넛 파우더 10g
조리 순서	
1. 통밀가루, 쌀가루, 달걀 노른자, 올리브유를 넣어 반죽한다. 2. 반죽이 한 덩이로 되도록 잘 뭉친 다음, 반죽을 10g씩 분할한다. 3. 분할한 반죽을 긴 막대 모양으로 만든다. 4. 160℃ 오븐에서 15분간 굽는다. 5. 식힘망에 구운 과자를 식힌다. 6. 구운 과자에 덧바를 캐롭 파우더 반죽을 만든다. 7. 구운 과자에 캐롭 파우더 반죽을 고루 묻힌 뒤 코코넛 가루, 아마씨를 묻혀 장식한다.	
유의사항	* 반죽이 되직하다면 물을 첨가하면서 반죽하시오. * 캐롭 파우더 반죽은 너무 묽지 않게 하시오.
TIP	

4. 미니 머핀

재료	코코넛 오일 80g, 달걀 2개, 락토 프리 우유 50g, 쌀가루 70g, 박력분 50g, 올리브유 1ts, 장식용 황태채
조리 순서	
1. 코코넛 오일, 달걀, 우유를 넣고 골고루 젓는다. 2. 쌀가루, 박력분을 체에 내린다. 3. 1.에 체에 내린 가루를 넣고 골고루 섞는다. 4. 머핀 틀에 올리브유를 발라 코팅 한다. 5. 고루 섞은 반죽을 짤주머니에 담아 머핀 틀에 80% 정도 채운다. 6. 180℃에서 15분간 굽는다. 7. 황태채를 올려 장식한다.	
유의사항	
TIP	* 겨울에는 유지 성분을 5g 정도 늘린다.

5. 바나나 머핀

재료	바나나 3개(210g), 달걀 2개, 밀가루 60g, 올리브유 1ts
조리 순서	
1. 껍질을 깐 바나나를 곱게 으깬다. 2. 믹싱볼에 달걀을 2개 넣고 살짝 푼다. 3. 풀어놓은 달걀에 1.을 넣고 잘 섞는다. 4. 3.에 밀가루를 체에 내려 잘 섞는다. 5. 머핀 틀에 올리브유를 발라 코팅 한다. 6. 반죽을 짤주머니에 담아 머핀 틀에 80% 채운다. 7. 장식용 바나나를 밀가루에 묻혀 올린다. 8. 180℃ 예열된 오븐에 30분 굽는다.	
유의사항	* 바나나를 곱게 으깨어 제품을 만드시오.
TIP	* 바나나가 무겁기 때문에 쌀가루를 묻히면 무거워지므로 밀가루를 묻힌다. * 바나나 양을 줄이고 올리브유나 두부를 넣으면 더 부드럽다. * 머핀의 색이 잘 안 난다면 190℃ 오븐에서 20분 굽는다. 바나나와 올리브유 1 : 1 비율일 때는 180℃ 오븐에서 30분 굽는다.

6. 닭 가슴살 사과 케이크

재료	닭 가슴살 160g, 단호박 100g, 사과 130g, 쌀가루 20g, 보릿가루 50g, 달걀 노른자 2개, 우유 4T, 올리브유 1ts, 토핑용 코코넛 가루 5g
조리 순서	
1. 전처리한 닭 가슴살을 씻어 다져놓는다. 2. 단호박과 사과는 0.5 x 0.5cm 큐브 모양으로 자른다. 3. 믹싱볼에 닭 가슴살, 달걀 노른자를 넣고 섞는다. 4. 쌀가루, 보릿가루, 우유를 넣고 덩어리지지 않게 섞는다. 5. 케이크 틀에 올리브유를 바르고 섞어놓은 재료를 넣는다. 6. 케이크 틀 위에 사과, 단호박을 올린다. 7. 180℃ 예열된 오븐에 30분 굽는다. 8. 완성된 재품에 코코넛 가루를 뿌린다. 9. 식은 후 포장한다.	
유의사항	
TIP	* 우유가 없을 때는 물로 농도를 잡아도 된다. * 보양식으로 사용할 경우는 돼지 안심, 오리고기를 사용한다. * 닭 가슴살의 전처리는 찬물로 씻은 다음 물 1L에 식초 2-3T를 섞어 씻으면 된다.

7. 초코 참치 단호박 마들렌

재료	참치 캔 1개, 달걀 노른자 1개, 흑임자 1t, 쌀가루 40g, 단호박 20g, 카놀라유 1T, 물 1T, 캐롭 파우더 2g, 코코넛 슬라이스 2g
조리 순서	
1. 참치 캔은 체에 내려 기름을 뺀 뒤 찬물에 여러 번 씻어 나머지 기름기를 뺀다. 2. 끓는 물에 5분 삶은 다음, 체에 거르고 찬물에 헹구어 기름기와 염분을 빼준다. 3. 참치를 볼에 넣고 으깬다. 4. 달걀 노른자, 흑임자, 카놀라유를 넣고 섞는다. 5. 단호박은 껍질을 벗겨 굵게 다져 섞는다. 6. 쌀가루를 넣고 덩어리지지 않게 잘 섞는다. 7. 물을 넣고 농도 조절을 한다. 8. 마들렌 틀에 넣고 180℃ 예열된 오븐에 20-30분 굽는다. 9. 완성된 마들렌 위에 캐롭 파우더를 골고루 뿌린 다음, 코코넛 슬라이스로 장식한다.	
유의사항	
TIP	* 반죽 농도는 뚝뚝 떨어지는 정도가 적당하다. * 쌀가루 대신 오트밀 가루를 사용하여도 된다.

DONATE

제6장
2급 기출문제

기출문제 1

반려동물 영양학

1. 갑상선 질환에 필요한 영양소가 아닌 것은?

① 칼슘

② 인

③ 루테인

④ 비타민 D

2. 당뇨 질환에 좋은 음식으로 알맞은 것은?

① 블루베리, 오이

② 양배추, 오이

③ 방울토마토, 양배추

④ 도가니, 브로콜리

3. 다음 중 바르게 연결되지 않은 것은?

① 갑상선 질환에는 아마씨와 오트밀이 좋다.

② 관절에는 비타민 A, 안토시아닌, 루테인이 필수 영양소이다.

③ 단호박, 방울토마토, 양배추는 암 예방에 좋다.

④ 컬리플라워, 양배추는 심장 질환에 좋다.

4. 다음 중 반려견의 피부와 털에 좋은 식재료는?

① 아마씨, 연어

② 호박, 고구마

③ 달걀, 껍질콩

④ 맥주 효모

5. 베타카로틴이 풍부하여 비타민 A를 섭취할 수 있는 음식은?

① 요거트

② 호박

③ 아미씨

④ 포도

6. 고관절 형성 장애에는 루테인, 비타민 A, 안토시아닌 등이 풍부한 식품이 좋다. 다음 보기 중 고관절 형성 장애를 예방하는 데 필요하지 않은 식품을 이용한 것은?

① 블루베리가 들어간 애견용 머핀

② 달걀 노른자를 활용한 달걀찜

③ 아마씨를 이용한 애견용 드레싱 소스

④ 케일로 만든 즙

7. 갑상선 수술을 한 반려동물을 위하여 갑상선 회복에 도움을 줄 수 있는 회복식을 준비하려 한다. 크게 도움 되지 않는 것은?

① 참치

② 콩

③ 오이

④ 껍질콩

8. 아마씨에 들어 있는 영양소는?

① 오메가 3

② 무기질

③ 비타민 B12

④ 마그네슘

9. 아마씨에 들어 있는 영양소와 같은 영양소를 가진 것은?

① 소고기, 양고기

② 고등어, 들기름

③ 홍화씨유

④ 시금치

10. 반려동물에게 북어 급여 시 주의해야 할 것으로 옳은 것은?

① 강아지는 잡식이라 그냥 배급하여도 상관없다.

② 맛있게 만들어주려 북어에 여러 가지 양념을 첨가한다.

③ 북어의 소금기를 제거한 후 배급한다.

④ 노견에게 통북어를 준다.

11. 반려동물에게 먹이는 사료에 대한 내용 중 옳은 것을 고르시오.

① 사료를 먹이기 시작하면서 2주 한 번 정도 체중을 체크하고, 권장량을 참고해서 사료 급여량을 가감한다.

② 개봉한 후 남은 사료는 냉동 보관이 필수이다.

③ 어떤 사료든지 유통기한 없이 먹인다.

④ 사료 그릇에 항상 사료가 있어야 한다.

12. 다음 영양소와 질병과의 관계에서 바르지 않은 것은?

① 단백질, 인, 나트륨의 과다 섭취는 신장에 부담을 주어 고혈압을 야기한다.

② 과다한 칼슘은 아연, 철, 요오드, 인 등의 광물질 흡수를 방해한다.

③ 칼슘의 장기간에 걸친 과다 섭취는 성장 지연과 고창증의 소인이 있다.

④ 과다한 마그네슘은 아연, 철, 요오드, 인 등의 광물질 흡수를 방해한다.

13. 반려견의 입에 대한 설명이다. 맞지 않은 것은?

① 입은 치아나 혀와 같이 구강으로 돌출하거나, 침샘과 같이 구강 내로 분비하는 부속기관을 모두 포함한다.

② 입의 주 기능은 먹이 섭취, 저작, 타액과 혼합, 공격과 방어이다.

③치아는 육식동물과 같이 예리하고 튼튼하며, 성견의 치아는 윗니 16개, 아랫니 16개로 모두 32개이며 치아로 연령을 감정한다.

④ 입은 코를 대신한 기도로서의 기능도 가능하다.

14. 저혈당이 오고 간 손상을 가져오며, 구토, 무기력감, 발작 등의 증상을 가져오는 식재료는?

① 자두

② 오이

③ 초콜릿

④ 자일리톨

15. 양파와 마늘은 개의 이것을 죽여 빈혈을 일으키는데 이것은 무엇인가?

① 혈액세포

② 적혈구

③ 피부세포

④ 뇌세포

16. 북어는 "강아지 보약"이라 불릴 정도로 좋은 추천 음식이다. 다음 중 북어의 효능으로 틀린 것은?

① 피를 맑게 한다.

② 장염과 설사에 좋다.

③ 혈변 방지에 좋다.

④ 소량의 염분은 빼지 않아도 상관없다.

17. 고구마로 섭취할 수 있는 영양소가 아닌 것은?

① 섬유소

② 비타민 C

③ 비타민 B12

④ 베타카로틴

18. 반려동물이 기피해야 하는 식품으로 바르게 나열한 것은?

① 감, 사과

② 달걀, 요거트

③ 포도, 건포도

④ 알코올, 오트밀

19. 반려동물이 먹으면 구토, 무기력감, 발작 등이 나타나는 식재료는?

① 초콜릿

② 마카다미아

③ 양파

④ 자일리톨

20. 다음 중 바르게 연결되지 않은 것은?

① 갑상선 질환에는 아마씨와 오트밀이 좋다.

② 관절에는 비타민 A, 안토시아닌, 루테인이 필수 영양소이다.

③ 단호박, 방울토마토, 양배추는 암 예방에 좋다.

④ 갑상선에 필요한 영양소는 칼슘, 인, 마그네슘이다.

기출문제 1 반려동물 영양학 정답지

1	2	3	4	5	6	7	8	9	10	11	12	13	14	15	16	17	18	19	20
3	2	1	1	2	3	3	1	2	3	1	4	3	4	1	4	3	3	4	1

반려동물의 품종별 영양학 개론

1. 몰티즈에게 좋은 음식으로 옳은 것은?

① 고등어, 어묵

② 북어, 소시지

③ 두부, 포도

④ 연어, 상어연골

2. 요크셔 테리어에게 크게 도움 되지 않는 것을 고르시오.

① 양고기

② 두유

③ 올리브유

④ 노른자

3. 다음 중 반려동물(닥스훈트)과 식품성분이 알맞지 않는 것은?

① 아마씨는 도정하지 않은 것이 더 좋다.

② 마카다미아는 개들에게 근육 경련을 일으킨다.

③ 달걀은 익혀서 주는 것이 좋다.

④ 연어는 생으로 주는 것이 더 좋다.

4. 껍질콩이 반려동물(시츄)에게 좋은 이유를 바르게 설명한 것은?

① 소화불량으로 고생하는 발려견에게 좋다.

② 비타민 A, 비타민 C, 섬유소 등을 섭취할 수 있다.

③ 노령견에게 유익하다.

④ 칼로리가 낮아서 비만 반려동물에게 좋다.

5. 프로바이오틱스와 함께 먹이면 더 영양가를 높일 수 있는 식재료는?

① 껍질콩

② 맥주 효모

③ 아미씨

④ 오트밀

6. 고양이의 영양학적 특징으로 식욕부진의 원인이 아닌 것은?

① 식욕부진은 질병의 결과이자 원인이다.

② 고양이의 식욕부진은 제2의 질병이다.

③ 고암모니아 혈증

④ 비타민 C 결핍증

7. 다음 중 견종과 두드러진 질병이 옳지 않은 것은?

① 푸들 – 외이염

② 닥스훈트 – 피부병, 관절

③ 시추 – 피부염, 지루증

④ 몰티즈 – 면역매개성 혈소판 감소증

8. 골든 리트리버가 걸리기 쉬운 질병이 아닌 것은?

① 간질

② B형 혈우병

③ 갑상선 기능 저하증

④ 백내장

9. 슬개골 탈구증, 구개열 파열증의 유전적 질병을 가진 반려견은?

① 콜리

② 요크셔 테리어

③ 치와와

④ 비글

10. 관절(고관절 형성 장애, 슬개 탈구)에 이상이 있을 경우 루테인, 비타민 A, 안토시아닌이 함유된 식품을 섭취해야 된다. 이 영양소를 함유한 식품으로 맞게 짝지어진 것은?

① 감자, 고구마, 마

② 양배추, 케일, 시금치

③ 돼지고기, 달걀 노른자

④ 오이, 아마씨, 오트밀

11. 다음 푸들의 음식에 대한 설명으로 잘못된 것은?

① 개는 락타제가 부족하여 우유를 주면 설사를 한다.

② 정어리와 고등어는 알레르기를 유발할 수 있다.

③ 후추와 같은 자극성 향료는 급여하지 않는다.

④ 칼슘과 영양 보충을 위하여 새우를 급여하면 좋다.

12. 다음 시추의 먹이에 대한 설명이다. 잘못된 것은?

① 개의 사료는 건식과 습식 사료로 나누어볼 수 있다.

② 시간과 횟수를 나누어 주는 방법은 제한급식이라 한다.

③ 습식 사료는 자유급식 방법이 적당하다.

④ 표준 크기보다 마른 경우 기본 칼로리 이상 공급량을 늘려줄 수 있다.

13. 포메라니안의 미각에 대한 설명으로 바르지 않은 것은?

① 미각과 후각이 발달되어 음식의 맛을 잘 느낀다.

② 개의 침에는 소화효소가 없어 음식은 위에서부터 소화가 시작된다.

③ 이빨 구조는 씹기보다는 사냥감을 찢기 위한 구조이다

④ 개는 본능적으로 음식을 삼키려고 하는 경향이 있다.

14. 고양이에 있어 꼬리를 위로 흔드는 행동의 가장 적합한 감정표현은?

① 기분이 좋을 때

② 기분이 나쁠 때

③ 공포감을 느낄 때

④ 화가 나거나 위협적일 때

15. 다음 중 닥스훈트가 먹어서는 안 되는 음식에 해당하지 않는 것은?

① 정어리, 고등어 등의 등푸른 생선

② 닭 뼈, 생선뼈

③ 초콜릿

④ 소고기, 닭고기

16. 코커 스패니얼이 생후 1-4개월 되었을 때 1일 식사 횟수는?

① 6회

② 5회

③ 4회

④ 1회

17. 괄호 안에 맞는 답을 고르시오.

> 치와와는 잡식 동물이기 때문에 단백질, 탄수화물, 지방, 비타민, 무기질, 수분 등의 영양소를 적절한 비율로 공급해줘야 한다. 물론 이러한 영양소의 비율은 반려견의 (　) 등에 따라 차이가 있을 수 있다.

① 품종, 체중

② 품종, 성

③ 활동, 환경

④ 성(性), 품종, 체중, 연령, 활동, 환경

18. 미니핀에게 먹이는 사료에 대한 내용 중 옳은 것을 고르시오.

① 사료를 먹이기 시작하면서 2주에 한 번 정도 체중을 체크하고, 권장량을 참고해서 사료 급여량을 가감한다.

② 개봉한 후 남은 사료는 냉동 보관이 필수이다.

③ 어떤 사료든지 유통기한 없이 먹인다.

④ 사료 그릇에 항상 사료가 있어야 한다.

19. 다음 영양소와 질병과의 관계에서 바르지 않은 것은?

① 단백질, 인, 나트륨의 과다 섭취는 신장에 부담을 주어 고혈압을 야기한다.

② 과다한 칼슘은 아연, 철, 요오드, 인 등의 광물질 흡수를 방해한다.

③ 칼슘의 장기간에 걸친 과다 섭취는 성장 지연과 고창증의 소인이 있다.

④ 과다한 마그네슘은 아연, 철, 요오드, 인 등의 광물질 흡수를 방해한다.

20. 골든 리트리버의 입에 대한 설명이다. 맞지 않은 것은?

① 입은 치아나 혀와 같이 구강으로 돌출하거나, 침샘과 같이 구강 내로 분비하는 부속기관을 모두 포함한다.

② 입의 주 기능은 먹이 섭취, 저작, 타액과 혼합, 공격과 방어이다.

③ 치아는 육식동물과 같이 예리하고 튼튼하며, 성견의 치아는 윗니 16개, 아랫니 16개로 모두 32개이며 치아로 연령을 감정한다.

④ 입은 코를 대신한 기도로서의 기능도 가능하다.

기출문제 1 반려동물의 품종별 영양학 개론 정답지

1	2	3	4	5	6	7	8	9	10	11	12	13	14	15	16	17	18	19	20
4	2	4	4	4	4	2	2	3	2	4	3	1	2	4	3	4	1	4	3

반려동물의 품종별 특성

1. 외이염에 걸리기 쉬운 품종으로 알맞게 짝지어진 것은?

① 몰티즈 – 요크셔 테리어

② 퍼그 – 닥스훈트

③ 치와와 – 시추

④ 코커 스패니얼 – 퍼그

2. 비글, 코커 스패니얼, 페키니즈, 닥스훈트의 품종이 겪는 공통적인 유전병으로 알맞은 것은?

① 고관절 형성 부진

② 비공협착

③ 외이염

④ 추간판 헤르니아

3. 반려동물이 간이 된 음식을 많이 먹으면 이상이 생길 수 있는 장기는 어디인가?

① 위

② 간

③ 신장

④ 직장

4. 골든 리트리버가 걸리기 쉬운 질병이 아닌 것은?

① 간질

② B형 혈우병

③ 갑상선 기능 저하증

④ 백내장

5. 신장병, 방광염, 요석증 등 비뇨기계의 유전적인 질병이 많은 견종은?

① 미니어처 슈나우저

② 진돗개

③ 골든 리트리버

④ 화이트 테리어

6. 공수병이라고도 불리며 대부분 포유동물에게 발생하는 바이러스성 인수공통 전염병은?

① 광견병

② 관절염

③ 요로결석

④ 항문낭염

7. 고양이 배설장애의 치료법과 예방 방법으로 볼 수 없는 것은?

① 고양이 수에 맞는 배설 상자를 준비한다.

② 부적절한 배설 행동을 방해한다.

③ 식이를 조절한다.

④ 고양이의 스트레스를 해소하기 위해 놀아주는 시간을 줄인다.

8. 다음 특성에 해당되는 품종은?

> 유전적 원인으로 요석증과 추간판 헤르니아를 일으키기 쉬우며, 첩모중생, 누관패쇄, 안구돌출, 소안구증, 백내장 등의 눈병도 많다.
> 연골 이영양증도 눈에 띈다.

① 몰티즈

② 요크셔 테리어

③ 페키니즈

④ 시코쿠견

9. 콜리의 특성에 해당되지 않는 것은?

① 피부병이나 설사를 일으키기 쉽다.

② 유전적 병으로 슬개골 탈구, 구개열 파열이 있다.

③ 눈병, 심장 질환에 주의해야 한다.

④ 유전적 병으로 허리 관절의 형성 이상이 있다.

10. 다음 중 미니어처 슈나우저의 특성으로 맞는 것은?

① 습진에 걸리기 쉽다.

② 추간판 헤르니아를 일으키기 쉽다.

③ 비공협착을 일으키기 쉽다.

④ 튼튼하여 늙음을 모르는 건강한 개이다.

11. 다음 중 코티지 치즈를 만드는 공정으로 틀린 것은?

① 락토 프리 우유를 가열하여 단백질을 분리하여 만든 것이다.

② 코티지 치즈는 일반 우유를 사서 직접 유당을 분리하여 만들어도 된다.

③ 우유를 1L 사용 시 식초는 3T 정도 사용한다.

④ 식초 대신 레몬즙을 사용하여도 된다.

12. 연어 손질법으로 바르지 않은 것은?

① 연어는 물에 오래 담가둘수록 비린내가 사라지고 좋다.

② 비린내는 우유에 담가 잡을 수 있다.

③ 물에 식초 1-2T를 넣어 담가내서 소독한다.

④ 껍질을 완전히 제거하는 것이 좋다.

13. 루테인, 비타민 A, 안토시아닌이 많이 함유된 식품이 아닌 것은?

① 블루베리

② 달걀 노른자

③ 시금치

④ 홍화씨

14. 정어리와 고등어 등의 등푸른 생선을 먹어서는 안 되는 이유로 옳은 것은?

① 식도 및 장 폐색의 원인

② 독성이 있는 테오브로민 함유

③ 습진과 알레르기 유발

④ 설사 유발 및 자극성

15. 오리 목뼈 껌의 제조 설명으로 옳지 않은 것은?

① 급여 후 남은 음식은 실온에서 보관한다.

② 건조 시 키친타월을 깔고 건조한다.

③ 중간중간 앞뒤로 뒤집어 건조한다.

④ 오리 목뼈를 익히면 오히려 더 단단해지므로 생목뼈를 사용하여 건조한다.

16. 치석과 스트레스에 도움을 주는 간식은?

① 닭 안심 쿠키

② 단호박 라테

③ 오리 목뼈 껌

④ 바나나 머핀

17. 오리 목뼈 껌을 만들 때 반드시 전처리를 하고 사용해야 하는데 전처리로 맞는 것은?

① 설탕물에 1시간 정도 담가 사용한다.

② 식초물에 3-4시간 담가 사용한다.

③ 물에 2시간 정도 담가 사용한다.

④ 소금물에 3-4시간 담가 사용한다.

18. 북어포로 반려견 간식을 만들 때 합당하지 않는 내용은?

① 북어 보푸라기에 색을 낼 때 천연 색소를 사용한다.

② 북어포를 전처리하지 않고 바로 사용한다.

③ 북어포를 찬물에 4시간 이상 담가 염분을 제거한 후 사용한다.

④ 염분을 제거한 후 건조시켜 사용한다.

19. 바나나 머핀을 만들었다. 예쁘게 꾸미기 위해 머핀 반죽 위에 바나나를 잘라 올려 구웠는데 다 굽고 나니 바나나가 머핀 반죽 안으로 들어가 버렸다. 이를 방지할 수 있는 방법으로 옳은 것은?

① 반죽 위에 바나나를 올리고 물을 묻힌다.

② 바나나를 건조시켜 사용한다.

③ 바나나에 밀가루를 묻혀 반죽 위에 올려 굽는다.

④ 바나나를 오일에 튀긴 후 사용한다.

20. 코코넛 오일은 이것을 낮춰주는 효과가 있다. 이것은?

① HDL 콜레스테롤

② LDL 콜레스테롤

③ 당뇨 수치

④ 염증 수치

기출문제 1 반려동물의 품종별 특성 정답지

1	2	3	4	5	6	7	8	9	10	11	12	13	14	15	16	17	18	19	20
1	4	3	2	1	1	4	3	2	4	2	1	4	3	1	3	2	2	3	2

기출문제 2

1. 녹내장, 백내장, 진행성 망막 위축증 등 눈 관련 질환이 주로 나타나고, 인간을 잘 따르고 반항이 거의 없으며, 실험용으로 주로 쓰이는 품종은 무엇인가?

① 골든 리트리버

② 시추

③ 푸들

④ 비글

2. 외이염에 걸리기 쉬운 품종으로 알맞게 짝지어진 것은?

① 몰티즈 – 요크셔 테리어

② 퍼그 – 닥스훈트

③ 치와와 – 시추

④ 코커 스패니얼 – 퍼그

3. 비글, 코커 스패니얼, 페키니즈, 닥스훈트의 품종이 겪는 공통적인 유전병으로 알맞은 것은?

① 고관절 형성 부진

② 비공협착

③ 외이염

④ 추간판 헤르니아

4. 반려동물이 간이 된 음식을 많이 먹으면 이상이 생길 수 있는 장기는 어디인가?

① 위

② 간

③ 신장

④ 직장

5. 품종에 대해 잘 이해하고 있는 보호자의 모습으로 알맞은 사람은?

① 미숙 – 푸들: 우리 아이는 귀가 늘어져 있어서 자주 관리해줘야 해요.

② 민혜 – 시베리안 허스키: 우리 아이는 건강해서 날씨가 춥거나 더워도 야외활동 하는 데 걱정 없어요.

③ 수지 – 닥스훈트: 제가 운동을 좋아해서 아이와 함께 매일 껑충껑충 뛰는 운동을 해요.

④ 현정 – 콜리: 우리 아이는 먹성이 좋아 항상 밥을 많이 줘요.

6. 그레이나 실버의 털색을 타고난 콜리의 경우 생후 2~6개월에 발병하는 유전병은?

① 휘트니 콜리 신드롬

② 리버 콜리 신드롬

③ 키드니 콜리 신드롬

④ 그레이 콜리 신드롬

7. 그레이 콜리 신드롬의 원인은?

① 호염구의 감소

② 호중구의 감소

③ 적혈구의 증가

④ 호중구의 증가

8. 코가 낮은 품종에게 걸리기 쉬운 질병은?

① 비공협착

② 피부병

③ 부정교합

④ 외이염

9. 항문낭염, 환추축추 아탈구, 슬개골 탈구, 잠재고환, 두개 파열을 겪을 수 있는 품종은?

① 페키니즈

② 요크셔 테리어

③ 시베리안 허스키

④ 포메라니안

10. 고관절 형성 장애에는 루테인, 비타민 A, 안토시아닌 등이 풍부한 식품이 좋다. 다음 보기 중 고관절 형성 장애를 예방하는 데 필요하지 않은 식품을 이용한 것은?

① 블루베리가 들어간 애견용 머핀

② 달걀 노른자를 활용한 달걀찜

③ 아마씨를 이용한 애견용 드레싱 소스

④ 케일로 만든 즙

11. 갑상선 수술을 한 반려동물을 위하여 갑상선 회복에 도움을 줄 수 있는 회복식을 준비하려 한다. 크게 도움 되지 않는 것은?

① 참치

② 콩

③ 오이

④ 깍지콩

12. 아마씨에 들어 있는 영양소는?

① 오메가 3

② 무기질

③ 비타민 B12

④ 마그네슘

13. 아마씨에 들어 있는 영양소와 같은 영양소를 가진 것은?

① 소고기, 양고기

② 고등어, 들기름

③ 홍화씨유

④ 시금치

14. 반려동물에게 북어 급여 시 주의해야 할 것으로 옳은 것은?

① 강아지는 잡식이라 그냥 배급하여도 상관없다.

② 맛있게 만들어주려 북어에 여러 가지 양념을 첨가한다.

③ 북어의 소금기를 제거한 후 배급한다.

④ 노견에게 통북어를 준다.

15. 몰티즈에게 좋은 음식으로 옳은 것은?

① 고등어, 어묵

② 북어, 소시지

③ 두부, 포도

④ 연어, 상어연골

16. 요크셔 테리어에게 크게 도움 되지 않는 것을 고르시오.

① 양고기

② 두유

③ 올리브유

④ 노른자

17. 저혈당이 오고 간 손상을 가져오며, 구토, 무기력감, 발작 등의 증상을 가져오는 식재료는?

① 자두

② 오이

③ 초콜릿

④ 자일리톨

18. 양파와 마늘은 개의 이것을 죽여 빈혈을 일으키는데 이것은 무엇인가?

① 혈액세포

② 적혈구

③ 피부세포

④ 뇌세포

19. 이것을 먹었을 경우 빨리 수분을 공급해야 하며, 중추신경에 영향을 주고 혈압을 상승시키면서 무기력증을 일으키고 호흡이 가빠지는 증상을 일으키는 것은 무엇인지 고르시오.

① 복숭아 주스

② 가당 요거트

③ 마카다미아 아이스크림

④ 에너지 드링크

20. 포도와 건포도는 개가 섭취했을 시 좋지 않은 식품이다. 그 이유를 고르시오.

① 개가 흥분할 수 있어서

② 혈당을 저하시켜서

③ 콜레스테롤을 올리기 때문에

④ 씨에 들어 있는 독성이 개에게 좋지 않아서

21. 개에게 그냥 우유를 주어서는 안 되는 이유가 있다. 어떠한 증상을 야기할 수 있는데 이것은?

① 유당 불내증

② 무당 불내증

③ 야맹증

④ 시력 저하

22. 구토, 설사, 심 정지, 경련, 수전증, 사망까지 이르게 할 수 있는 식품으로 옳은 것은?

① 효모를 넣은 음료

② 무가당 자일리톨 껌

③ 다크 초콜릿으로 만든 시리얼 바

④ 락토 프리 우유를 이용한 리코타 치즈

23. 감의 씨는 어떤 장기에 영향을 주는가?

① 간

② 폐

③ 충수돌기

④ 작은창자

24. 섬유소와 베타카로틴이 풍부하여 소화기관을 활발히 운동하게 하며 비타민 A를 섭취할 수 있는 것은?

① 시금치

② 양배추

③ 당근

④ 호박

25. 가장 대중적이고 자주 사용되는 식재료로 섬유소, 비타민 B6, 비타민 C, 베타카로틴, 망간 등이 들어 있는 것을 고르시오.

① 고구마

② 북어

③ 두부

④ 양상추

26. 연어와 달걀을 날것으로 먹일 때 생길 수 있는 증상은?

① 피부병 발생

② 기생충 발생 위험

③ 적혈구 증가

④ 염증 수치 저하

27. 이것은 비타민 B가 풍부하고 개들의 피부와 털, 당질 대사에도 좋다. 이것은 무엇인가?

① 효모

② 껍질콩

③ 연어

④ 오리고기

28. 인간에게도 좋은 식재료로서 다이어트에 효과적인 이것은 특히 노령견에게 좋으며, 밀 알레르기가 있는 개에게 대체할 식품으로 좋은 재료이다. 섬유질을 함유하고 있어 소화에도 좋은 이것은 무엇인가?

① 보리

② 렌틸콩

③ 귀리

④ 쌀

29. 갈색을 띠며 카페인이 없어 디카페인 식품으로 각광받고 있는 이것은 식물에서 채취해 누구나 먹고 즐길 수 있다. 이것이 반려동물에게도 잘 맞는 식재료로 손꼽히며 최근에 유행처럼 사용되고 있는데, 이것을 빵이나 디저트에 넣으면 마치 초콜릿과 같은 색과 향으로 모두를 사로잡는다. 이것은 무엇일까?

① 갈색 색소

② 캐롭

③ 황토

④ 디카페인 커피

30. 타르트를 구울 때 반죽에 포크로 구멍을 내는 이유는?

① 풍미를 더하기 위해

② 멋있게 보이려고

③ 반죽이 많이 부풀어 오르라고

④ 반죽이 부풀어 오르는 것을 방지하기 위해

31. 간식을 만들 때 주의해야 할 점이 있다. 포도씨유를 사용하는 것을 금하여야 하는데 그 이유는 무엇인가?

① 다른 제품들이 더 좋아서

② 포도씨에 독성이 있어서

③ 강아지들이 싫어해서

④ 포도씨유가 비싸서

32. 고구마 치즈 샌드 쿠키를 만들려고 한다. 쌀가루, 노른자, 고구마, 락토 프리 우유로 만든 치즈를 준비하였다. 여기에 어떠한 재료를 더 첨가하면 영양학적으로 좋을까?

① 호박을 넣는다.

② 밀가루를 첨가한다.

③ 셀러리를 다져 넣는다.

④ 1단계 치즈를 더 넣는다.

33. 반죽을 냉장고에 휴지하는 이유에 대해 가장 잘 설명한 것은?

① 풍미를 살리기 위해

② 모양이 잘 나오게 하려고

③ 쿠키가 더욱 단단하게 나오게 하려고

④ 글루텐 형성을 억제하고 수분을 골고루 침투시키기 위하여

34. 반려동물에게 오리 목뼈를 간식으로 주려 한다. 방법으로 틀린 것은?

① 오리 목뼈를 삶아서 배식한다.

② 오리 목뼈를 생으로 섭취 시 기생충 감염이 유발되므로 식초물에 소독한다.

③ 오리 목에 붙은 지방을 제거한다.

④ 목뼈 안쪽의 골수심지는 질기므로 소형견이나 이가 약한 노령견에게 지급 시 심지를 필히 제거한다.

35. 바나나 머핀을 만들었다. 예쁘게 꾸미기 위해 머핀 반죽 위에 바나나를 잘라 올려 구웠는데 다 굽고 나니 바나나가 머핀 반죽 안으로 들어가 버렸다. 이를 방지할 수 있는 방법으로 옳은 것은?

① 반죽 위에 바나나를 올리고 물을 묻힌다.

② 바나나를 건조시켜 사용한다.

③ 바나나에 밀가루를 묻혀 반죽 위에 올려 굽는다.

④ 바나나를 오일에 튀긴 후 사용한다.

36. 코코넛 오일은 이것을 낮춰주는 효과가 있다. 이것은?

① HDL 콜레스테롤

② LDL 콜레스테롤

③ 당뇨 수치

④ 염증 수치

37. 이것은 섭취 시 결석이 생길 수 있지만 필요한 영양소를 섭취하려면 첨가해도 좋은 식재료인데 비타민 A, 비타민 C, 섬유소 등을 함유하고 있다. 껍질째 먹어도 좋고 상큼하고 단 맛이 좋은 이것은 무엇인가?

① 레몬

② 포도

③ 사과

④ 자몽

38. 간식 제조 시 사용해도 무방한 재료로 알맞은 것은?

① 정향, 통후추

② 소주, 식초

③ 죽염, 함초

④ 스테비아

39. 삼색 북어 보푸라기 조리과정 중 옳지 않은 것은?

① 북어포는 물에 담가 염분을 제거한다.

② 염분이 제거된 북어는 물기를 잘 말려 건조시킨다.

③ 북어포 염분을 제거하기 위해서 1-2시간 물에 담가둔다.

④ 천연 색은 빛과 열에 약하므로 가루 색은 선별해야 한다.

기출문제 2 정답지

1	2	3	4	5	6	7	8	9	10	11	12	13	14	15	16	17	18	19	20
4	1	4	3	1	4	2	1	4	3	3	1	2	3	4	2	4	1	4	4
21	22	23	24	25	26	27	28	29	30	31	32	33	34	35	36	37	38	39	
1	3	4	4	1	2	1	3	2	4	2	3	4	1	3	2	3	2	3	

기출문제 3

1. 다음 반려견 음식에 대한 설명으로 잘못된 것은?

① 개는 락타제가 부족하여 우유를 주면 설사한다.

② 정어리와 고등어는 알레르기를 유발할 수 있다.

③ 후추와 같은 자극성 향료는 급여하지 않는다.

④ 칼슘과 영양 보충을 위하여 새우를 급여하면 좋다.

2. 다음 반려견의 먹이에 대한 설명이다. 잘못된 것은?

① 개의 사료는 건식과 습식 사료로 나누어볼 수 있다.

② 시간과 횟수를 나누어 주는 방법은 제한급식이라 한다.

③ 습식 사료는 자유급식 방법이 적당하다.

④ 표준 크기보다 마른 경우라면 기본 칼로리 이상으로 공급량을 늘려 줄 수 있다.

3. 반려견의 미각에 대한 설명으로 바르지 않은 것은?

① 미각과 후각이 발달되어 음식의 맛을 잘 느낀다.

② 개의 침에는 소화효소가 없어 음식은 위에서부터 소화가 시작된다.

③ 이빨 구조는 씹기보다는 사냥감을 찢기 위한 구조이다.

④ 개는 본능적으로 음식을 삼키려고 하는 경향이 있다.

4. 고양이에 있어 꼬리를 흔드는 행동의 가장 적합한 감정표현은?

① 기분이 좋을 때

② 기분이 나쁠 때

③ 공포감을 느낄 때

④ 화가 나거나 위협적일 때

5. 다음 중 반려견이 먹어서는 안 되는 음식들에 해당하지 않는 것은?

① 정어리, 고등어 등의 등푸른 생선

② 닭 뼈, 생선뼈

③ 초콜릿

④ 소고기, 닭고기

6. 반려견의 영양조성 중 단백질 필요량으로 옳은 것은?

① 성장기 10%, 유지기 6%

② 성장기 12%, 유지기 4%

③ 성장기 15%, 유지기 8%

④ 성장기 20%, 유지기 12%

7. 고양이의 영양학적 특징으로 식욕부진의 원인이 아닌 것은?

① 식욕부진은 질병의 결과이자 원인이다.

② 고양이의 식욕부진은 제2의 질병이다.

③ 고암모니아 혈증

④ 비타민 C 결핍증

8. 다음 중 견종과 두드러진 질병이 옳지 않은 것은?

① 푸들 – 외이염

② 닥스훈트 – 피부병, 관절

③ 시추 – 피부염, 지루증

④ 몰티즈 – 면역개재성 혈소판 감소증

9. 골든 리트리버가 걸리기 쉬운 질병이 아닌 것은?

① 간질

② B형 혈우병

③ 갑상선 기능 저하증

④ 백내장

10. 신장병, 방광염, 요석증 등 비뇨기계의 유전적인 질병이 많은 견종은?

① 미니어처 슈나우저

② 포메라니안

③ 골든 리트리버

④ 화이트 테리어

11. 장염 예방에 좋은 음식은?

① 두부

② 오이

③ 닭 가슴살

④ 브로콜리

12. 피부와 비듬을 없애는 데 효과가 있는 음식은?

① 연어

② 캐롭

③ 당근

④ 북어

13. 비만인 강아지에게 특히 좋은 음식은?

① 브로콜리

② 치즈

③ 고구마, 양배추

④ 두부

14. 북어는 "강아지 보약"이라 불릴 정도로 좋은 추천 음식이다. 다음 중 북어의 효능으로 틀린 것은?

① 피를 맑게 한다.

② 장염, 설사에 좋다.

③ 혈변 방지에 좋다.

④ 소량의 염분은 빼지 않아도 상관없다.

15. 다음 중 독이 되는 간식으로 옳지 않은 것은?

① 포도, 건포도

② 마카다미아

③ 감, 복숭아, 자두

④ 요거트

16. 고구마로 섭취할 수 있는 영양소가 아닌 것은?

① 섬유소

② 비타민 C

③ 비타민 B12

④ 베타카로틴

17. 항암 효과와 식물만 가진 영양소가 많이 들어 있는 반려견 음식은?

① 사과

② 오트밀

③ 맥주 효모

④ 리코타 치즈

18. 루테인, 비타민. A, 안토시아닌이 많이 함유된 식품이 아닌 것은?

① 블루베리

② 달걀 흰자

③ 시금치

④ 홍화씨

19. 정어리와 고등어 등의 등푸른 생선을 먹어서는 안 되는 이유로 옳은 것은?

① 식도 및 장 폐색의 원인

② 독성이 있는 테오브로민 함유

③ 습진과 알레르기 유발

④ 설사 유발 및 자극성

20. 오리 목뼈 껌의 설명으로 옳지 않은 것은?

① 급여 후 남은 음식은 실온에서 보관한다.

② 건조 시 키친타월을 깔고 건조한다.

③ 중간중간 앞뒤로 뒤집어 건조한다.

④ 오리 목뼈를 익히면 오히려 더 단단해지므로 생목뼈를 사용하여 건조한다.

21. 다음 설명 중 옳지 않은 것은?

① 오리 목뼈를 소금물에 3-4시간 정도 담가서 소독한다.

② 목뼈에 붙은 지방을 가위로 제거한다.

③ 골수심지 제거는 힘줄을 포 뜨듯이 뜬 뒤 잡아당겨 제거한다.

④ 70℃ 건조기에서 12시간 건조시켜 완성한다.

22. 다음 중 바나나 머핀 설명으로 옳지 않은 것은?

① 바나나가 부족할 때 두부나 올리브유를 사용할 수 있다.

② 밀가루보다 쌀가루가 들어가면 더 바삭거린다.

③ 바나나는 물기를 머금고 있어서 머핀 색깔이 잘 나오지 않는다.

④ 바나나와 밀가루 비율은 7 : 3이 적당하다.

23. 고구마 치즈 샌드 쿠키 제조과정이다. 옳은 것은?

① 달걀은 흰자, 노른자를 볼에 넣고 잘 풀어준다.

② 반죽은 냉동실에서 30분 정도 휴지한다.

③ 쿠키 표면에 식용유를 발라준다.

④ 꿀을 첨가하면 향이 짙어지므로 반려견이 싫어한다.

24. 다음 설명 중 틀린 것은?

① 냉동 연어는 물기가 많고 살이 부서지므로 반죽 농도를 맞추어야 한다.

② 아마씨 연어 머핀에 딸기즙을 살짝 끓여서 발라주면 색감이나 식감이 좋다.

③ 훈제 연어를 사용하면 식감이 더 좋다.

④ 소독한 연어는 물기를 제거하고 깍둑썰기 한다.

25. 다음 설명 중 옳지 않은 것은?

① 비린내를 제거하기 위해 깨끗이 씻은 뒤 식초나 우유에 1시간 담가 낸다.

② 생선의 소독은 깨끗이 씻은 뒤 생선이 잠길 정도의 물에 식초 1−2큰술을 넣어 담가 낸다.

③ 연어, 치즈, 아마씨는 오메가 3, 오메가 6을 다량 함유한 고단백 저지방 식품이다.

④ 연어는 껍질을 제거해도 되고 안 해도 된다.

기출문제 3 정답지

1	2	3	4	5	6	7	8	9	10	11	12	13	14	15	16	17	18	19	20
4	3	1	2	4	2	4	4	2	2	1	1	1	3	4	4	3	1	4	3
12	22	23	24	25															
1	1	2	2	1															

기출문제 4

1. 다음 특성에 해당되는 품종은?

유전적 원인으로 요석증과 추간판 헤르니아를 일으키기 쉬우며, 첩모중생, 누관폐쇄, 안구돌출, 소안구증, 백내장 등의 눈병도 많다. 연골 이영양증도 눈에 띈다.

① 몰티즈
② 요크셔 테리어
③ 콜리
④ 포메라니안

2. 콜리의 특성에 해당되지 않는 것은?

① 피부병이나 설사를 일으키기 쉽다.
② 유전적 병으로 슬개골 탈구, 구개열 파열이 있다.
③ 눈병, 심장 질환에 주의해야 한다.
④ 유전적 병으로 허리 관절의 형성 이상이 있다.

3. 외이염에 걸리기 쉬운 품종이 아닌 것은?

① 리트리버
② 몰티즈
③ 코커 스패니얼
④ 요크셔 테리어

4. 품종 설명으로 틀린 것은?

① 리트리버는 유전적으로 간질이 나타나는 경우도 있다.
② 비글은 이빨의 결손이나 부정교합이 눈에 띄는 수가 있다.

③ 요크셔 테리어는 저혈당증을 일으키는 수가 있다.

④ 시베리안 허스키는 유전적으로 소안구증이 있다.

5. 다음 중 미니어처 슈나우저의 특성으로 맞는 것은?

① 습진에 걸리기 쉽다.

② 추간판 헤르니아를 일으키기 쉽다.

③ 비공협착을 일으키기 쉽다.

④ 튼튼하여 늙음을 모르는 건강한 개이다.

6. 갑상선 질환에 필요한 영양소가 아닌 것은?

① 칼슘

② 인

③ 루테인

④ 비타민

7. 당뇨 질환에 좋은 음식으로 알맞은 것은?

① 블루베리, 오이

② 양배추, 오이

③ 방울토마토, 양배추

④ 도가니, 브로콜리

8. 다음 중 바르게 연결되지 않은 것은?

① 갑상선 질환에는 아마씨와 오트밀이 좋다.

② 관절에는 비타민 A, 안토시아닌, 루테인이 필수 영양소이다.

③ 단호박, 방울토마토, 양배추는 암 예방에 좋다.

④ 컬리플라워, 양배추는 심장 질환에 좋다.

9. 다음 중 반려견의 피부와 털에 좋은 식재료는?

① 아미씨, 연어

② 호박, 고구마

③ 달걀, 껍질콩

④ 맥주 효모

10. 베타카로틴이 풍부하여 비타민 A를 섭취할 수 있는 음식은?

① 요거트

② 호박

③ 아미씨

④ 포도

11. 반려동물에게 독이 되는 음식으로 바르게 나열한 것은?

① 감, 사과

② 달걀, 요거트

③ 포도, 건포도

④ 알코올, 오트밀

12. 반려동물이 먹으면 구토, 무기력감, 발작 등이 나타나는 식재료는?

① 초콜릿

② 마카다미아

③ 양파

④ 자일리톨

13. 다음 중 알맞지 않는 것은?

① 아마씨는 도정하지 않은 것이 더 좋다.

② 마카다미아는 개들에게 근육 경련을 일으킨다.

③ 달걀은 익혀서 주는 것이 좋다.

④ 연어는 생으로 주는 것이 더 좋다.

14. 껍질콩이 반려동물에게 좋은 이유를 바르게 설명한 것은?

① 소화불량으로 고생하는 발려견에게 좋다.

② 비타민 A, 비타민 C, 섬유소 등을 섭취할 수 있다.

③ 노령견에게 유익하다.

④ 칼로리가 낮아서 비만 반려동물에게 좋다.

15. 프로바이오틱스와 함께 먹이면 더 영양가를 높일 수 있는 식재료는?

① 껍질콩

② 맥주 효모

③ 아미씨

④ 오트밀

16. 미니 머핀의 공정 중 밑줄 친 식재료와 교환이 가능한 식재료가 아닌 것은?

1) 코코넛 오일, 달걀, 락토 프리 우유를 넣고 골고루 젓는다. 2) 쌀가루, 밀가루를 체 쳐서 고루 섞는다. 3) 머핀 틀 2개를 80% 정도 채운 뒤 160℃에서 15-20분간 구워낸다.

① 카놀라유

② 해바라기유

③ 포도씨유

④ 아마씨유

17. 다음 중 코티지 치즈를 만드는 공정으로 틀린 것은?

① 락토 프리 우유를 가열하여 단백질을 분리하여 만든 것이다.

② 코티지 치즈는 일반 우유를 사서 직접 유당을 분리하여 만들어도 된다.

③ 우유를 1L 사용 시 식초는 3T 정도 사용한다.

④ 식초 대신 레몬즙을 사용하여도 된다.

18. 연어 손질법으로 바르지 않은 것은?

① 연어는 오래 담가둘수록 비린내가 사라지고 좋다.

② 비린내는 우유에 담가 잡을 수 있다.

③ 물에 식초 1-2T를 넣어 담가 내서 소독한다.

④ 껍질을 완전히 제거하는 것이 좋다.

19. 바나나 머핀 공정에서 변경 가능한 사항으로 맞지 않은 것은?

① 달걀과 바나나를 섞고 난 후 밀가루를 섞어 굽는다.

② 바나나 양을 줄이고 올리브유를 넣으면 더 부드럽다.

③ 건강상으로 쌀가루보다 밀가루가 더 좋다.

④ 장식용을 올릴 때는 밀가루로 코팅 하면 유지된다.

20. 황태채를 사용할 때 바르지 않은 것은?

① 12시간 이상 불려 염분을 제거한다.

② 2시간마다 물을 갈면 좋다.

③ 아미노산이 풍부해 산후 반려동물에게 좋다.

④ 가공과정에서 짠맛이 제거되므로 그냥 사용하여도 무관하다.

21. 다음은 반려동물 피자 재료가 나열되어 있다. 바르게 설명된 것이 아닌 것은?

통밀가루 80g, 쌀가루 80g, 오리고기 240g, 달걀 2개, 유기농 치즈 3장, 올리브유 10g, 찐 고구마 200g, 물 10g, 파슬리

① 오리고기는 소고기나 닭고기로 대체 가능하다.

② 통밀가루는 밀가루로 대체 가능하다

③ 올리브유는 코코넛 오일로 대체 가능하다.

④ 유기농 치즈 대신 일반 치즈를 사용하여도 된다.

22. 삼색 북어 보푸라기 공정에 관한 설명으로 옳지 않은 것은?

① 북어포를 물에 담가 염분을 제거한다.

② 염분이 제거된 북어는 물기를 잘 말려 건조시킨다.

③ 말린 북어를 강판에 간다.

④ 갈린 북어에 캐롭 파우더 1ts, 올리브유 1ts를 넣고 손으로 뭉친다.

기출문제 4 정답지

1	2	3	4	5	6	7	8	9	10	11	12	13	14	15	16	17	18	19	20
3	1	2	4	4	3	2	1	1	2	3	4	4	4	4	3	2	1	3	4

21	22
4	4

반려동물 수제간식 전문가 1급

DONATE
DONATE
DONATE
DONATE
DONATE
DONATE
DONATE
DONATE

제1장
반려동물 견종학 B

제1절 그룹별 품종의 역사 및 주의할 점

반려견은 특성에 따라 토이 그룹, 테리어 그룹, 하운드 그룹, 허딩 그룹, 스피츠 그룹, 건도그 그룹, 워킹 그룹, 컴패니언 그룹, 우리 토종개로 나눌 수 있다.

1. 토이 그룹

토이 그룹은 작고 귀여워 애완용으로 많이 기르는 종으로 몰티즈, 미니어처 핀셔, 비숑 프리제, 시추, 요크셔 테리어, 저패니즈 친, 치와와, 캐벌리어 킹 찰스 스패니얼, 토이 푸들, 파피용, 퍼그, 페키니즈, 포메라니안이 있다.

1) 몰티즈

(1) 역사

몰티즈는 기원전 1500년경 해양 무역을 하던 페니키아인이 지중해의 몰타섬으로 데리고 온 개다. 주로 왕족이나 귀족에게 사랑을 받았는데, 프랑스에서는 보석을 몸에 지니듯 몰티즈를 데리고 다녔다고 한다. 19세기에는 영국 빅토리아 여왕의 총애를 받은 것으로 유명하다.

처음부터 애견으로 길러진 개로는 가장 오래되었다.

(2) 주의할 점

몰티즈는 눈에 염증이 생기기 쉽다. 염증이 생기면 눈물 때문에 눈 주변의 털이 빨갛게 변한다. 치료하기 어려우므로 평소에 염증이 생기지 않도록 관리한다.

먹이는 살코기나 치즈, 달걀 같은 저지방 식품을 함께 넣어 주고, 털을 예쁘게 가꾸고 싶으면 비타민 A, 비타민 D가 들어 있는 식품을 준다.

운동은 실내에서 하는 것만으로 충분하다.

* 원산지는 몰타섬으로서 키는 25cm 정도이며, 몸무게는 2-3kg 정도이다.

2) 미니어처 핀셔

(1) 역사

작은 도베르만을 닮은 미니어처 핀셔는 독일어로 '물어뜯는 개'라는 뜻이다. 독일과 스칸디나비아 반도에 살던 핀셔를 작게 개량한 것으로, 잘 짖고 움직임이 민첩해 쥐를 잡거나 집을 지키는 데 이용했다.

(2) 주의할 점

미니어처 핀셔는 털이 짧아 추위에 약하므로 겨울에 산책할 때는 옷을 입히는 것이 좋다. 또 털이 잘 빠지고 피부가 약해 피부병에 걸리기 쉬우므로 털을 자주 닦아주는 것이 좋다.

먹이는 단단한 뼈와 근육을 위해 칼슘과 단백질을 충분히 공급해주는 것이 좋다. 가끔 우유나 닭고기 가슴살을 주면 좋다.

운동은 아침저녁으로 1시간씩 시키는 것이 좋다.

* 원산지는 독일로서 키는 26-32cm 정도이며, 몸무게는 4-5kg 정도이다.

3) 비숑 프리제

(1) 역사

비숑 프리제는 '귀엽고 곱슬거리는 머리카락'이라는 뜻이다. 아프리카 서해안의 카나리아 제도에 있던 개를 이탈리아 여행자가 유럽으로 데리고 갔다는 이야기가 있다. 그 후 프랑스에서 작게 만들어 귀부인들이 데리고 다녔다. 옛날 유럽에서 환자가 난방 대신 비숑 프리제를 안고 잤다.

(2) 주의할 점

비숑 프리제는 치석이 끼기 쉬우니 칫솔질을 잘 해준다. 그리고 털 손질을 게을리하면 피부병이 생길 수 있으므로 주의한다.

특별한 먹이나 사료는 필요 없다. 치석이 끼기 쉬우므로 먹이에 딱딱한 것을 섞어 준다.

운동은 실내만으로 충분하며, 가끔 산책하면 지능 발달에 도움 된다.

* 원산지는 프랑스로서 키는 24-29cm 정도이며, 몸무게는 3-6kg 정도이다.

4) 시추

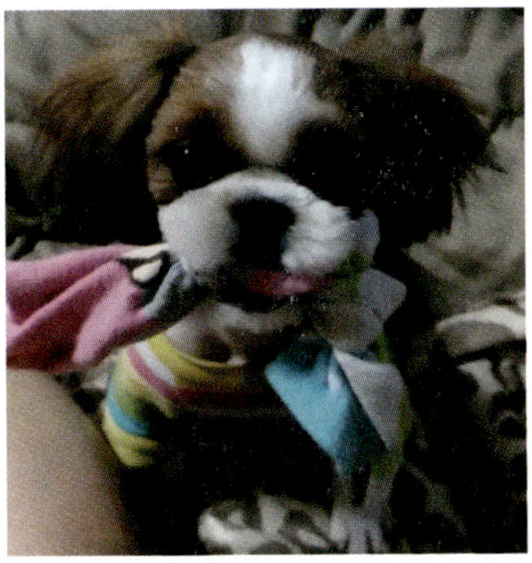

(1) 역사

시추는 티베트의 개 라사 압소와 중국 왕실의 애완견 페키니즈 사이에서 태어났다. 얼굴에 갈기처럼 난 털 때문에 옛날 중국에서는 '사자개'라고 불렀다. 이후 쭉 왕실에서만 자랐고, 20세기에 이르러서야 영국 사람에 의해 성 밖으로 나와 세상에 소개되었다.

(2) 주의할 점

시추는 결막염이나 귓병, 피부병에 걸리기 쉬우므로 특히 얼굴의 털은 늘 깨끗하게 해주어 병을 미리 예방한다.

먹이는 지방이 많은 식품은 피부병이 쉽게 생기므로 피하는 것이 좋다.

운동은 실내에서 노는 것만으로 충분하다. 가끔 일광욕을 시켜주면 좋다.

* 원산지는 중국으로서 키는 27cm 이하이며, 몸무게는 8kg 정도이다.

5) 요크셔 테리어

(1) 역사

요크셔 테리어는 약 150년 전 산업 혁명이 한창이던 영국에서 태어났다. 당시 영국에는 쥐가 극성을 부려서 여간 귀찮은 게 아니었다. 요크셔 지방의 직공들이 여러 품종을 교배시켜 쥐를 잡는 개를 만들었는데, 그 개가 요크셔 테리어다.

(2) 주의할 점

요크셔 테리어는 귓병이나 피부병에 걸리기 쉽다. 평소에 잘 씻기고 잘 닦아주어야 한다. 또 치석이 끼기 쉽기 때문에 매일 칫솔질을 해주거나 거즈로 닦아주는 것이 좋다.

먹이는 자칫 편식하기 쉬우므로 어릴 때부터 사료를 먹이며 엄격하게 습관을 들여야 한다. 윤기 있는 털을 원한다면 비타민 E를 조금 섞어 먹인다. 여름에는 양배추나 연한 배추를 조금 먹이면 건강하게 여름을 날 수 있다.

운동은 실내에서 활발하게 움직인다. 나가고 싶어 하면 하루에 한 번 20분 정도 산책시켜준다.

* 원산지는 영국으로서 키는 23cm 정도이며, 몸무게는 3kg 이하이다.

6) 저패니즈 친

(1) 역사

친은 일본 최초로 세계에서 공인된 개다. 선조는 신라에서 일본 천황에게 선물한 개를 개량한 것으로, 상류층에 인기가 많았다. 하지만 불쌍하게도 옛날 사람들은 친에게 술을 먹이거나 너무 자라지 않도록 수술을 하기도 했다.

(2) 주의할 점

저패니즈 친은 연약해 보이지만 튼튼한 개다. 습기에 약한 편이지만 걱정할 정도는 아니다. 다만 주인이 무관심하면 스트레스가 쌓이므로 사랑을 많이 준다. 열사병에 걸리기 쉬우므로 주의한다.

먹이는 식성이 까다롭고 식탐도 별로 없어서 배가 부르면 먹이를 남기므로 알갱이가 작은 사료를 주도록 한다.

운동은 실내에서 움직이는 것만으로 충분하지만 하루에 한 번 15분 산책시키는 것이 좋다.

* 원산지는 일본으로서 키는 수컷은 25cm 정도, 암컷은 약간 더 작으며, 몸무게는 2-3kg 정도이다.

7) 치와와

(1) 역사

가장 작은 개인 치와와는 그 기원이 정확하지 않다. 미국에서 개량한 것이지만, 잉카족과 아즈텍족의 종교의식에 사용되었다는 이야기도 있고, 멕시코의 치와와주에서 처음 발견되었기 때문에 '치와와'라는 이름을 얻었다고 한다.

(2) 주의할 점

치와와는 추위에 엄청 약하므로 겨울에 춥지 않도록 실내 온도에 신경 쓰거나 옷을 입힌다. 그리고 두개골이 약하니 머리를 부딪치지 않도록 주의한다.

먹이는 살이 찌지 않도록 하는 것이 중요하다. 맛있는 것만 골라 먹기 때문에 쉽게 살이 찔 수도 있다. 뼈를 튼튼하게 하는 식품을 먹이고, 사람이 먹는 음식은 절대 주지 않는다.

운동은 움직이는 것을 워낙 싫어하기 때문에 많이 움직이게 하고 일광욕도 시키는 것이 좋다.

* 원산지는 멕시코로서 키는 15-23cm 정도이며, 몸무게 3kg 정도이다.

8) 캐벌리어 킹 찰스 스패니얼

(1) 역사

꽤 오래전부터 영국 왕실에서 사랑받던 킹 찰스 스패니얼은 특히 찰스 2세의 사랑을 듬뿍 받았다. 개의 이름도 황제의 이름에서 유래되었다. 하지만 킹 찰스 스패니얼의 인기는 점차 시들해졌다. 옛날 킹 찰스 스패니얼을 부활시키자는 의도로 개량된 것이 바로 캐벌리어 킹 찰스 스패니얼이다.

(2) 주의할 점

캐벌리어 킹 찰스 스패니얼은 대체적으로 건강한 편이지만 알레르기성 피부염에 걸리기 쉽다. 가려워하거나 꼬리 부위가 빨개지면 수의사에게 진찰받도록 한다.

먹이는 식탐이 많은 개이므로 살찌지 않게 관리할 필요가 있다. 특히 사람이 먹는 음식은 절대로 주지 않는다.

운동은 아침저녁으로 20분 산책시키고, 넓은 곳에서 뛰어놀게 하면 좋아한다.

* 원산지는 영국으로서 키는 31-33cm 정도이며, 몸무게는 5-8kg 정도이다.

9) 토이 푸들

(1) 역사

푸들은 원래 오리 사냥을 하던 사냥개이다. 키도 지금보다 큰 40cm였는데 점점 작게 만들어 18세기 루이 16세 시대에 오늘날 인기 있는 토이 푸들이 탄생했다.

푸들은 고대 로마 기념비에 조각되어 있을 정도로 오래된 개이기도 하다.

(2) 주의할 점

토이 푸들은 매일 빗질을 해주어야 털이 뭉치지 않고, 귀가 늘어져 있어 귓병이 나기 쉬우므로 자주 청소해주고, 귀에 난 털도 뽑아주는 것이 좋다.

먹이는 보기와는 달리 식성이 좋아서 평소에 관리를 잘하지 않으면 뚱뚱해지기 쉬우므로 살이 찌는 것 같으면 저칼로리 식품으로 조절해준다.

운동은 실내만으로 충분하지만 산책하면 일광욕도 되어 튼튼해진다.

* 원산지는 프랑스로서 키는 28cm 이하이며, 몸무게는 2-3kg 정도이다.

10) 파피용

(1) 역사

파피용은 프랑스어로 '나비'를 뜻한다. 귀가 마치 날개를 활짝 편 나비와 같아서 붙은 이름이다. 상류층 사람에게 인기가 좋았고, 특히 마리 앙투아네트의 애견으로 유명하다. 18세기 프랑스에서는 궁정의 귀부인들이 자기 초상화에 파피용을 그려 넣는 것이 유행이었다고 한다.

(2) 주의할 점

파피용은 워낙 뛰어다니는 것을 좋아해 여기저기 부딪치거나 뛰어내려서 상처 입기 쉽다. 특히 혼자 두고 외출할 때 주의한다.

먹이는 사료를 잘 먹지 않을 때는 삶은 닭고기나 소고기를 조금만 섞어 준다. 장운동을 활발히 해주는 삶은 양배추나 오이를 가끔씩 먹여도 좋다.

운동은 일광욕 때문에라도 필요하므로 하루에 한두 번 30분씩 뛰어놀게 해준다.

* 원산지는 프랑스, 벨기에로서 키는 20-28cm 정도이며, 몸무게는 4-5kg 정도이다.

11) 퍼그

(1) 역사

퍼그는 중국 궁정에서 귀신을 쫓는 개로 사랑받았다. 기원전 400년경으로 거슬러 올라가면 사찰에서 키웠다는 기록도 남아 있다. 그 후 17세기경 네덜란드로 전해져 왕가의 애견이 되었고, 적의 습격을 알려 왕가를 위기에서 구했다는 이야기도 전해지고 있다.

(2) 주의할 점

퍼그는 털이 짧아서 털 관리는 필요 없지만, 주름 사이사이를 잘 닦아줘야 한다. 워낙 주름이 많아 피부병에 걸리기 쉽다. 그리고 더위에 약하므로 실내 온도가 25℃를 넘지 않도록 조절해준다.

먹이는 워낙 잘 먹는 애견이라 먹는 대로 주다가는 뚱뚱해지기 쉬우므로 아무리 응석을 부리고 떼를 써도 넘어가면 안 된다.

운동은 하루에 한두 번 산책시킨다. 더운 날에는 아침이나 저녁에 한 번 시키는 것이 좋다.

* 원산지는 중국으로서 키는 25-28cm 정도이며, 몸무게는 7-8kg 정도이다.

12) 페키니즈

(1) 역사

페키니즈는 중국 당나라 때 궁정에서 기르던 성스러운 개로, 선조는 티베트에서 온 라사 압소이다. 워낙 궁정에서 귀하게 여겼기 때문에 어느 누구도 페키니즈를 궁정 밖으로 데리고 나갈 수 없었다. 아편전쟁을 거치며 세상에 알려졌고, 이후 영국에서 많은 사랑을 받았다.

(2) 주의할 점

페키니즈는 코가 짧고 털이 많아서 더위에 약하다. 특히 여름철에는 실내 온도가 25℃를 넘지 않도록 신경 써준다.

먹이는 식사량은 적지만 움직임이 적어서 살이 찌기 쉬우므로 저지방 고단백 간식으로 영양가를 조절해준다.

운동은 별로 좋아하지 않으나 건강을 위해 산책과 일광욕을 시키는 것이 좋다.

* 원산지는 중국으로서 키는 20cm 정도이며, 몸무게는 수컷은 3-7kg 정도, 암컷은 조금 더 무겁다.

13) 포메라니안

(1) 역사

포메라니안은 원래 썰매를 끌거나 양을 돌보던 개다. 독일 포메라니아 지방에서 약간 소형화된 것이 영국으로 건너가 더 소형화되었고, 19세기에 오늘날의 모습으로 고정되었다. 1891년 런던에서 열린 도그 쇼에 빅토리아 여왕이 출전시켜 우승한 후, 세계적으로 알려졌다.

(2) 주의할 점

포메라니안은 사자 갈기 같은 털 관리에 신경 써야 한다. 매일 빗어주어야 털이 엉키지 않고 폭신한 느낌을 준다. 또 태어난 지 열 달이 넘으면 치아가 다시 나기도 하므로 체크한다.

먹이는 몸통에 비해 다리가 가늘기 때문에 뚱뚱해지면 좋지 않으므로 뼈를 튼튼하게 해주는 칼슘이 든 식품을 많이 주고, 살이 많이 찌지 않도록 늘 신경 써야 한다. 그리고 소화기관 길이가 짧으므로 먹이를 잘게 잘라 주는 것이 좋다.

운동은 하루에 30분씩 산책시키며 일광욕하는 것이 좋다.

* 원산지는 독일로서 키는 20cm 정도이고, 몸무게는 2-3kg 정도이다.

2. 테리어 그룹

테리어 그룹은 해로운 짐승을 박거나 작은 동물을 사냥하던 종으로 미니어처 슈나우저, 베들링턴 테리어, 불 테리어, 스코티시 테리어, 웨스트 하이랜드 화이트 테리어, 잭 러셀 테리어, 케인 테리어, 폭스 테리어가 있다.

1) 미니어처 슈나우저

(1) 역사

슈나우저는 '주둥이', '콧수염'을 뜻하는 독일어에서 딴 이름이다. 처음에는 족제비를 사냥하기 위해 만들어졌는데, 나중에 족제비보다 작은 쥐를 잡기 위해 소형화되었으며, 소형화된 것이 바로 미니어처 슈나우저이다.

(2) 주의할 점

미니어처 슈나우저는 더위와 추위에 약하고 특히 습기에 약하므로 통풍에 신경 쓴다. 또한 결석이 생기기 쉬우므로 정기적으로 검사를 받는 것이 좋다. 그리고 일단 짖기 시작하면 아주 시끄러우므로 어릴 때부터 함부로 짖지 않는 훈련을 시킨다.

먹이는 사료를 먹이는 것만으로도 충분하다. 가끔 애견용 고기 통조림을 주거나 닭가슴살을 삶아주면 좋아한다.

운동은 시키지 않으면 성질이 나빠질 수 있으므로 정기적으로 운동하는 것이 좋다.

* 원산지는 독일로서 키는 30-35cm 정도이며, 몸무게는 6-7kg 정도이다.

2) 베들링턴 테리어

(1) 역사

베들링턴 테리어는 잉글랜드 광산촌인 베들링턴에서 광부들이 키우던 개다. 탄광의 쥐나 오소리를 잡기 위한 사냥개로, 외모는 순한 양과 비슷하다.

(2) 주의할 점

베들링턴 테리어는 길을 잃어버릴 수 있으니 산책할 때 줄을 벗기지 않는다.
먹이는 강아지일 때 사료에 살코기를 조금 섞어서 준다.
운동은 하루에 두 번 30분씩 산책시켜 준다.

* 원산지는 영국으로서 키는 수컷은 42cm 정도, 암컷은 39cm 정도이며, 몸무게는 8-10kg 정도이다.

3) 불 테리어

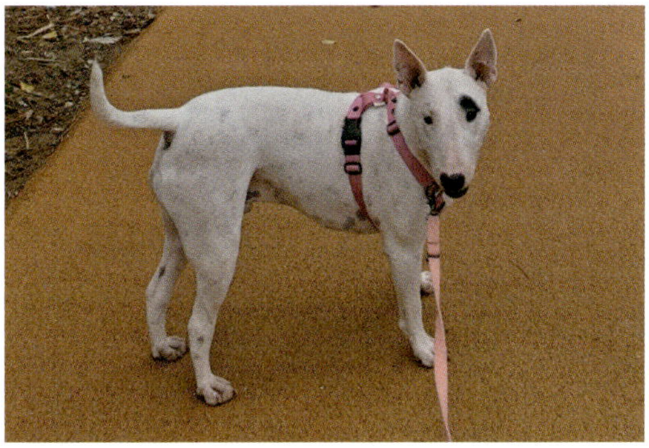

(1) 역사

불도그와 지금은 사라진 화이트 맨체스터 테리어 사이에서 태어난 불 테리어는 150년 전쯤 영국에서 투견으로 인기가 높았다. 불 테리어에서 '불'은 황소를 뜻한다.

(2) 주의할 점

불 테리어는 한번 물면 쉽게 놓지 않으므로 물리지 않게 주의한다.
먹이는 칼슘이 부족하지 않도록 해준다.
운동은 하루에 1시간씩 마음껏 뛰어놀게 해준다.

* 원산지는 영국으로서 키는 50cm 정도이며, 몸무게는 20kg 정도이다.

4) 스코티시 테리어

(1) 역사

미국의 루스벨트 대통령의 총애를 받으면서 인기를 끌게 된 스코티시 테리어는 스코틀랜드의 하이랜드 지방에서 여우나 족제비 사냥을 하던 개다. 스코틀랜드를 대표하는 개라고 할 수 있다. 웨스트 하이랜드 화이트 테리어와 함께 위스키 상표 모델이기도 하다.

(2) 주의할 점

스코티시 테리어는 튼튼한 개이지만 새끼를 힘들게 낳을 수 있다. 집보다는 동물병원에서 새끼를 낳는 것이 좋다.

먹이는 한창 자랄 때는 많이 준다. 하지만 다 자라고 나면 먹이의 양을 줄여 과식하지 않도록 해준다.

운동은 하루에 한 번 산책시키며, 너무 잘 돌아다니므로 끈을 묶어 산책하는 것이 좋다.

* 원산지는 영국(스코틀랜드)으로서 키는 26cm 정도이며, 몸무게는 8-10kg 정도이다.

5) 웨스트 하이랜드 화이트 테리어

(1) 역사

이름이 긴 웨스트 하이랜드 화이트 테리어는 스코틀랜드의 웨스트 하이랜드 지방에서 쥐나 수달을 잡던 사냥개였다. 옛날에는 하얀 테리어가 겁이 많고 연약하다는 헛소문이 돌아 하얀 테리어 새끼가 태어나면 내다 버렸다고 한다. 그러다 20세기에 들어와 보호받으며 개량되었다.

(2) 주의할 점

웨스트 하이랜드 화이트 테리어는 피부 알레르기가 생기기 쉽다. 눈이나 입 주변의 털이 빠지면 병원에 데리고 간다.

먹이는 골격이 튼튼해지도록 사료와 함께 개전용 우유나 치즈를 섞어 준다. 칼슘까지 섞어주면 더욱 좋다.

운동은 하루도 빠지지 않고 시키는 것이 좋다. 공놀이를 좋아한다.

* 원산지는 영국(스코틀랜드)으로서 키는 수컷은 28cm 정도, 암컷은 26cm 정도로 조금 작으며, 몸무게는 7-10kg 정도이다.

6) 잭 러셀 테리어

(1) 역사

잭 러셀 테리어는 1819년에 '잭 러셀'이라는 영국 목사에 의해 탄생한 개다. 이름도 목사 이름을 그대로 붙였다. 원래부터 사냥을 목적으로 만들었기 때문에 여우 굴에 들어가서 여우를 몰 정도로 사냥 솜씨가 뛰어나다. 또 쥐잡기에도 명수다.

(2) 주의할 점

잭 러셀 테리어는 어렸을 때부터 주인이 엄하게 훈련시키지 않으면 제멋대로가 되기 쉽다. 신발이며 쿠션이며 있는 대로 물어뜯고 갑자기 달려들어 공격하기도 한다.

먹이는 운동량에 따라 사료의 양을 조절한다. 또 먹이를 갑자기 바꾸면 소화 불량에 걸리거나 알레르기를 일으킬 수 있다.

운동은 하루에 30분씩 두 번 정도 산책시키는 것이 좋으며 공놀이를 함께하면 좋다.

* 원산지는 영국으로서 키는 25-38cm 정도이며, 몸무게는 5-7kg 정도이다.

7) 케인 테리어

(1) 역사

케인 테리어는 스코틀랜드 북서부에 있는 스카이섬에 있던 테리어로, 테리어 가운데 가장 오래되었다. 돌무덤을 오르면서 토끼나 족제비, 여우를 쫓던 사냥개이다.

(2) 주의할 점

케인 테리어는 피부 질환과 녹내장(눈의 압력이 높아져서 시력이 저하되는 병)을 조심한다.
특별한 먹이는 필요 없다.
운동은 넓은 곳을 산책하는 것이 좋다. 하루에 30분씩 두 번 정도가 적당하다.

* 원산지는 영국(스코틀랜드)으로서 키는 수컷은 26cm 정도, 암컷은 24cm 정도이며, 몸무게는 6-7kg 정도이다.

8) 폭스 테리어

(1) 역사

폭스 테리어는 여우 굴을 찾아내어 여우를 물어 죽이던 사냥개이다. 털 모양에 따라 와이어 폭스 테리어(철사 모양), 스무스 폭스 테리어(털이 짧은 것)가 있다. 이름은 다르지만 성격이나 행동, 크기는 비슷하다.

(2) 주의할 점

폭스 테리어는 눈병이나 피부병에 걸리기 쉽다. 폭스 테리어는 사냥개에 맞는 강한 체력과 활동적인 성격을 지니고 있어 그에 맞는 적절한 운동과 놀이를 해주어야 한다. 사냥 본능이 뛰어나기 때문에 주의를 기울여야 하며 훈련도 필요하다.

와이어 폭스 테리어는 털이 강하고 철사모양이기 때문에 자주 털손질을 해주어야 한다.

* 원산지는 영국으로서 키는 39cm 정도이며, 몸무게는 7-8kg 정도이다.

3. 하운드 그룹

하운드 그룹은 동물 사냥을 하던 종으로 그레이 하운드, 미니어처 닥스훈트, 바셋 하운드, 보르조이, 블러드 하운드, 비글, 아프간 하운드가 있다.

1) 그레이 하운드

(1) 역사

그레이 하운드는 고대 이집트 벽화에 그 모습이 남아 있을 정도로 꽤 긴 역사를 가진 개다. 16세기경에 유럽으로 건너가게 되면서 토끼 사냥에 이용되었고, 영국에서 현재 모습으로 개량되었다.

(2) 주의할 점

그레이 하운드는 추위에 약하므로 겨울에는 따뜻하게 해준다. 그리고 강아지를 낳을 때 난산인 경우가 많으므로 반드시 의사가 필요하다.

먹이는 특별한 것은 필요 없다. 단 한꺼번에 많은 양을 주는 것보다는 두 번 정도 나누어 준다.

운동은 하루에 1시간씩 넓은 곳에서 시키는 것이 좋으며, 성장기에 골절이나 뼈가 변형되기 쉬워 강아지일 때 자유로이 뛰놀게 해주는 것이 좋다.

* 원산지는 이집트, 영국으로서 키는 수컷은 71-76cm 정도, 암컷은 68-71cm 정도이며, 몸무게는 수컷은 30-32kg 정도, 암컷은 27-30kg 정도이다.

2) 미니어처 닥스훈트

(1) 역사

닥스훈트는 12-13세기에 오소리 사냥을 하던 개다. 허리가 긴 것도 오소리 굴에 들어가기 쉽도록 개량한 것이다. 오소리보다 작은 토끼를 사냥하기 위해 더욱 소형화된 것이 미니어처 닥스훈트이다.

닥스훈트는 털에 따라 세 종류로 나뉘는데, 긴 털, 짧은 털, 철사 모양의 털이 있다.

(2) 주의할 점

미니어처 닥스훈트는 허리가 길고 다리가 짧기 때문에 허리 디스크에 걸릴 위험이 있다.

먹이는 살이 찌면 다리에 무리가 생길 수 있으므로 과식하지 않도록 신경 쓴다. 움직임이 많은 만큼 먹는 것도 잘 먹는다. 단 뚱뚱해지기 쉬운 체질이므로 먹이를 잘 조절해 주어야한다.

운동은 매일 밖으로 데리고 나가 산책시키는 것이 좋다. 운동이 부족하면 살이 찐다. 살이 쪘을 땐 평소보다 오래 산책시킨다.

* 원산지는 독일로서 키는 21-27cm 정도이며, 몸무게는 5kg 이하이다.

3) 바셋 하운드

(1) 역사

바셋 하운드는 뛰어난 후각으로 토끼를 잡던 개다. 미니어처 닥스훈트처럼 굴 속에 잘 들어갈 수 있도록 다리를 짧게 개량했다. 다리가 너무 짧아 몸이 땅에 닿을 것 같다고 해서 '낮다'라는 의미의 프랑스어 '바스'에서 이름이 유래되었다.

(2) 주의할 점

바셋 하운드는 귀가 길게 늘어져 귓병에 걸리기 쉽다. 먹이를 줄 때 귀가 그릇에 들어가지 않도록 먹이 그릇을 높은 곳에 두거나 귀 덮개를 씌어준다.

먹이는 먹는 양을 조절하지 않으면 살이 찌기 쉽고 짧은 다리로 뚱뚱한 몸을 지탱하다가는 다리에 병이 생길 수 있으므로 몸무게 관리를 잘 해준다.

운동을 게을리하면 살이 찔 수 있으므로 하루에 두 번 적어도 30분 정도 운동시켜준다.

* 원산지는 프랑스로서 키는 33cm 정도이며, 몸무게는 20kg 정도이다.

4) 보르조이

(1) 역사

보르조이는 14-15세기 러시아에서 이리 사냥을 하던 개로, 귀족들의 사랑을 받았다. 예전에는 '러시아 울프 하운드'라고 불렸는데, 1936년에 '보르조이'로 이름이 바뀌었다.

(2) 주의할 점

보르조이는 위경련을 일으키기 쉬운 개이므로 먹이를 다 먹으면 반드시 운동을 시킨다.

먹이는 태어나서 1년 정도는 빠르게 자라므로 사료에 소고기나 유제품을 같이 섞어 준다.

운동은 아침저녁으로 1시간 정도 시킨다.

* 원산지는 러시아로서 키는 수컷은 71cm 이상, 암컷은 66cm 이상이며, 몸무게는 수컷은 34-48kg 정도, 암컷은 26-40kg 정도이다.

5) 블러드 하운드

(1) 역사

블러드 하운드는 원래 벨기에 수도원에서 기르던 개였는데, 후에 영국에서 피를 흘리며 달아나는 사냥감을 추적하는 데 사용되어 '블러드 하운드'라고 불리게 되었다.

(2) 주의할 점

블러드 하운드는 귓병을 조심하고, 위경련도 주의한다.
먹이는 빠르게 성장하므로 강아지일 때 살코기를 섞어 준다.
운동은 아침저녁으로 1시간 정도 시킨다.

* 원산지는 벨기에로서 키는 수컷은 63-69cm 정도, 암컷은 58-63kg 정도이며, 몸무게는 수컷은 41-50kg 정도, 암컷은 36-45kg 정도이다.

6) 비글

(1) 역사

비글은 기원전 4세기 무렵부터 그리스인의 사냥을 도왔다. 엘리자베스 1세 때는 토끼 사냥개로 활약했다. 후각이 예민해서 현재 미국에서 마약탐지견으로도 활약하고 있고, 만화 '스누피'의 모델이기도 하다.

(2) 주의할 점

비글은 잔병치레를 많이 하니 태어난 지 석 달 정도 지난 것을 입양하는 것이 좋다. 워낙 잘 짖어 이웃에 피해가 갈 수 있으므로 짖지 못하게 훈련시키는 것이 중요하다.

먹이는 운동량이 많아서 식욕이 왕성한 편이므로 사료만 많이 주지 말고 비스킷 같은 간식을 주면서 식사량을 조절하도록 한다. 특히 칼슘이 많이 든 비스킷이 좋다.

운동은 부족하면 정서불안을 느끼므로 하루에 20분씩 두 번 정도 산책하는 것이 좋다.

* 원산지는 영국으로서 키는 33-38cm 정도이며, 몸무게는 8-14kg 정도이다.

7) 아프간 하운드

(1) 역사

아프간 하운드는 구약 성서에 나오는 노아의 방주에 탔던 개로, 고대 이집트 유적에서 발굴된 공예품에 생김새가 비슷한 개가 새겨져 있을 정도로 오래된 개다. 기원전 4000년경에는 이집트 왕조에서 길렀다고 한다. 아프가니스탄으로 건너와서는 유목민의 사냥개로 활약했다.

(2) 주의할 점

아프간 하운드는 한번 보면 결코 잊을 수 없는 멋진 털을 관리하려면 매일 정성껏 빗질해주어야 한다. 털 색깔은 태어난 지 3년은 지나야 확실하게 알 수 있으므로 강아지를 고를 때 주의한다.

특별한 먹이나 사료는 필요하지 않다.

운동은 달리는 것을 좋아하므로 하루에 1시간 정도 운동시킨다.

* 원산지는 아프가니스탄으로서 키는 수컷은 68-73cm 정도, 암컷은 63-68cm 정도이며, 몸무게는 수컷은 27kg 정도, 암컷은 23kg 정도이다.

4. 허딩 그룹

허딩 그룹은 양치는 일을 돕는 종으로 보더 콜리, 비어디드 콜리, 셰틀랜드 시프도그, 올드 잉글리시 시프도그, 웰시 코기 펨브로크, 저먼 셰퍼드, 코몬도르, 콜리가 있다.

1) 보더 콜리

(1) 역사

8-12세기경 스칸디나비아 반도에서 활약했던 바이킹이 데리고 온 콜리를 개량한 것이 보더 콜리다. '보더'는 국경을 뜻하는 말인데, 스코틀랜드와 영국 국경 지대에서 탄생되었기 때문에 '보더 콜리'라는 이름이 붙었다. 양을 모는 목양견으로 유명하다.

(2) 주의할 점

보더 콜리는 털이 잘 빠지는 편이라, 매일 빗질해주어야 한다. 목욕은 한 달에 한 번이 적당하고, 너무 자주 씻기면 피부병을 앓을 수 있다.

먹이는 튼튼한 골격을 가지고 있기 때문에 칼슘을 많이 주는 것이 좋다. 강아지일 때는 사료에 강아지용 우유를 가끔 섞어서 주는 것이 좋다.

운동은 부족하면 스트레스가 쌓이므로 매일 산책과 운동을 시키는 것이 좋다. 원반 던지기를 하면 좋다.

* 원산지는 영국(스코틀랜드)으로서 키는 수컷은 53cm 정도, 암컷은 약간 더 작으며, 몸무게는 14-20kg 정도이다.

2) 비어디드 콜리

(1) 역사

비어디드 콜리는 약 2000년 정도 전부터 스코틀랜드에서 목양견으로 활약했다고 한다. 콜리와 같은 하이랜드 지방에서 개량된 개다. 18세기의 왕족이나 귀족의 초상화에 비어디드 콜리가 흔히 등장하는 것으로 보아, 18세기에는 가정견으로 길렀던 것으로 추측되고 있다. 또한 올드 잉글리시 시프도그와 보더 콜리의 바탕이 되는 개라고 알려져 있다. 콧수염(비어드)처럼 보이는 털 때문에 '비어디드'라는 이름을 갖게 되었다. 예전에는 '하이랜드 비어디드 콜리'. '스코티시 비어디드 콜리', '스코티시 마운틴 콜리'라고 불린 적도 있다.

(2) 주의할 점

비어디드 콜리는 어려서부터 잘 훈련시키고 귀여워해 줘야 한다. 그렇지 않으면 좀처럼 길들이기 힘들다. 어떻게 길들이냐에 따라 얌전할 수도 있고, 반항적인 성격이 될 수도 있다.

먹이는 성장이 빠른 편이므로 강아지일 때 영양을 충분히 보충해준다.

운동은 공놀이나 물어오기 같은 운동이 적당하며 넓은 곳에서 마음껏 뛰어놀게 하면 좋다.

* 원산지는 영국(스코틀랜드)으로서 키는 수컷은 53-56cm 정도, 암컷은 51-53cm 정도이며, 몸무게는 18-27kg 정도이다.

3) 셰틀랜드 시프도그

(1) 역사

영국의 북쪽에 위치한 셰틀랜드 제도는 바닷바람이 세고 추워서 목초가 잘 자라지 않는다. 그래서 소나 양들이 다른 곳에 비해 작기 때문에 목축견도 소형화되었는데, 소형화된 개가 바로 셰틀랜드 시프도그이다. 모습은 콜리와 비슷하지만, 훨씬 작다.

(2) 주의할 점

셰틀랜드 시프도그는 자외선에 약해서 여름철에 주의해야 한다. 강한 햇빛에 노출되면 피부염에 걸릴 수 있다.

먹이는 강아지일 때 칼슘이나 단백질을 첨가하면 튼튼한 체력을 가질 수 있다. 식욕이 왕성해서 자칫 살이 찌기 쉽다. 삶은 감자나 양배추를 사료에 섞어 먹이면 비만을 예방할 수 있다.

운동은 하루에 두 번 30분–1시간 정도 시키며 되도록 넓은 곳에서 뛰어놀게 하는 것이 좋다,

* 원산지는 영국(셰틀랜드 제도)으로서 키는 33-41cm 정도이며, 몸무게는 7-12kg 정도이다.

4) 올드 잉글리시 시프도그

(1) 역사

올드 잉글리시 시프도그는 가축 떼를 몰던 목양견이다. 18세기에 개에게도 세금을 걷으면서 '세금을 낸 개'라는 증거로 꼬리를 잘랐는데, 그때부터 애칭으로 '밥테일(Bobtail)'이라고 불렀다. 또 아이 보는 데 소질이 있어서 미국에서는 '아이 보는 개'라고 불린다.

(2) 주의할 점

올드 잉글리시 시프도그는 더위를 많이 타기 때문에 여름에 신경 써주어야 한다. 그리고 귀가 늘어져 있기 때문에 귓병도 주의해야 한다. 귓속을 자주 청소해준다.

먹이는 강아지일 때는 하루에 서너 번, 어느 정도 크면 두 번 정도 나누어 준다. 지방이 많은 식품은 피한다.

운동은 하루에 두 번 1시간씩 하는 것이 좋으며 자전거를 타고 함께 운동하면 좋다.

* 원산지는 영국으로서 키는 수컷은 56cm 이상, 암컷은 53cm 이상이며, 몸무게는 30kg 정도이다.

5) 웰시 코기 펨브로크

(1) 역사

웰시 코기 펨브로크는 12세기경 벨기에의 섬유 직공이 영국 웨일스 지방으로 이주하면서 데려온 개다. 소를 모는 목축견으로 개량되었고, 조지 6세 때부터 영국 왕실의 애견으로 유명해졌다.

(2) 주의할 점

웰시 코기 펨브로크는 살이 찌기 쉽다. 다리가 짧고 몸이 길어서 살이 찌면 다른 병에 걸릴 수 있으므로 수시로 체크한다. 개의 몸을 만져봐서 갈비뼈가 느껴지지 않으면 비만이니 저칼로리 사료로 바꿔준다.

먹이는 식욕이 왕성하지만 몸 상태나 날씨에 따라 식욕에 차이를 보이므로 식사량을 조절해 준다.

운동은 충분히 시키는 것이 좋다. 하루에 두 번 20-30분씩 달리게 한다. 공놀이를 하는 것도 좋다.

* 원산지는 영국으로서 키는 25-31cm 정도이며, 몸무게는 10-14kg 정도이다.

6) 저먼 셰퍼드

(1) 역사

경찰견 이미지가 강한 셰퍼드의 선조는 목양견이었다. 그러다 19세기 말에 독일 육군 중위가 경찰과 군용으로 사용하기 위해 개량했다. 제1차 세계 대전 때 의약품, 식량, 무기를 운반하며 큰 활약을 했고, 현재는 최고의 경찰견이나 군용견으로 꼽히고 있다.

(2) 주의할 점

저먼 셰퍼드는 설사를 하기 쉽고, 뼈나 관절에 이상이 생기기 쉽다. 보통 강아지일 때는 귀가 처져 있다가 자라면서 세워지므로 귀가 처져 있다고 걱정하지 않아도 된다.

먹이는 강아지일 때는 하루에 서너 번, 크면 하루에 한 번 정도 준다. 물을 너무 많이 마시면 체형이 미워질 수 있으므로 주의한다.

운동은 부족하면 스트레스가 쌓여 공격적으로 변할 수 있으므로 하루에 두 번 달리는 운동을 시켜준다.

* 원산지는 독일로서 키는 수컷은 60-68cm 정도, 암컷은 55-60cm 정도이며, 몸무게는 수컷은 33-38kg 정도, 암컷은 26-31kg 정도이다.

7) 코몬도르

(1) 역사

코몬도르는 지휘관을 뜻하는 '커맨더'에서 이름이 유래되었다. 예전엔 산짐승으로부터 가축과 사람을 지키던 개였다. 털이 마치 레게 머리처럼 꼬인 것이 특징이다.

(2) 주의할 점

코몬도르의 독특한 털은 빗질을 하면 털이 풀려버리기 때문에 하지 않는 것이 좋다. 대신 손으로 뭉치지 않게 떼어주고, 손질은 애견 미용사에게 맡기는 것이 좋다.

먹이는 운동량에 따라 먹이의 양을 조절해 준다.

운동은 운동량이 많으므로 매일 장거리 산책을 시키는 것이 좋다.

* 원산지는 헝가리로서 키는 수컷은 65-80cm 정도, 암컷은 55-70cm 정도이며, 몸무게는 수컷은 50-59kg 정도, 암컷은 36-50kg 정도이다.

8) 콜리

(1) 역사

스코틀랜드 고산 지방에서는 검은 머리 양을 '콜리'라고 불렀는데, 그 콜리를 돌보는 개도 '콜리'라고 부르게 되었다. 19세기 빅토리아 여왕이 영국으로 들여오면서 유명해졌다.

(2) 주의할 점

콜리는 산책 나갔을 때 혼자서 멀리 가버리는 수가 있으므로 늘 줄을 매어 다닌다. 그리고 더위에 약한 편이므로 주의한다.

먹이는 강아지일 때는 스트레스를 많이 받으면 설사를 하므로 주의한다. 물을 조금 주었는데도 낫지 않는다면 수의사를 찾아가야 한다.

운동은 하루에 30–40분 정도 시킨다.

* 원산지는 영국(스코틀랜드)으로서 키는 수컷은 61-66cm 정도, 암컷은 56-61 cm 정도이며, 몸무게는 수컷은 27kg 정도, 암컷은 23-29kg 정도이다.

5. 스피츠 그룹

스피츠 그룹은 개의 조상에 가까운 종으로 사모예드, 시바견, 시베리안 허스키, 시코쿠견, 아키타견, 알래스칸 맬러뮤트, 카이견, 키슈견, 홋카이도견이 있다.

1) 사모예드

(1) 역사

사모예드는 몹시 춥다고 알려진 시베리아 지방에 사는 사모예드족이 키우던 개다. 순록도 돌보고 사냥도 도왔으며, 썰매도 끌었다. 극지 탐험을 할 때 활약한 개로 잘 알려져 있다.

(2) 주의할 점

사모예드는 더위를 많이 타므로 개집을 시원하게 해주는 것이 좋다. 또 털이 아주 많이 빠지므로 빗질을 잘 해주어야 한다.

먹이는 태어나서 4개월 때까지 하루에 세 번 주고, 점점 줄여가다가 다 크면 하루에 한 번만 준다.

운동은 하루에 두 번 30분 정도 시킨다.

* 원산지는 러시아로서 키는 수컷은 53cm 정도, 암컷은 48-53cm 정도이며, 몸무게는 19-30kg 정도이다.

2) 시바견

(1) 역사

신석기 시대 유적에 시바견의 것으로 보이는 뼈가 묻혀 있는 것으로 보아, 아주 오래 전부터 일본인과 함께한 개로 짐작된다. 털빛이 마른 잔디 빛과 같다고 해서 잔디를 뜻하는 '시바'라는 이름을 갖게 되었다. 몸집은 작지만 사냥개로 유명하며, 1937년에 일본의 천연 기념물로 지정되었다.

(2) 주의할 점

시바견은 경계심이 워낙 강해서 다른 사람을 공격할 수도 있다. 강아지일 때부터 함부로 물지 않도록 훈련시켜야 한다.

먹이는 튼튼한 골격을 위해 칼슘을 섞어 준다. 식욕이 왕성하므로 식사량을 잘 조절해야 한다. 지방이 너무 많은 것은 주지 않고, 약간 모자란 듯 먹이를 준다.

운동은 매일 산책시키는 것이 좋다. 경계심이 강해지지 않도록 다른 개나 사람과 친해질 수 있는 기회를 준다.

* 원산지는 일본으로서 키는 37-40cm 정도이며, 몸무게는 9-14kg 정도이다.

3) 시베리안 허스키

(1) 역사

시베리안 허스키는 시베리아 북동부에 사는 추크치족의 썰매를 끌던 개다. 20세기에 알래스카로 건너갔는데, 병이 난 마을 사람들을 위해 의약품을 나르면서 유명해졌다. 뉴욕 센트럴 파크에는 많은 사람들의 목숨을 구한 시베리안 허스키의 동상이 세워져 있다.

(2) 주의할 점

시베리안 허스키는 길을 잃기 쉬우므로 반드시 줄을 매고 산책하는 것이 좋다. 그리고 추운 지방의 개이기 때문에 더위에 약한 부분도 신경 써야 한다.

먹이는 고열량의 사료를 먹인다. 곡물 함량이 높은 사료를 먹으면 변이 묽을 수 있으므로 사료를 고를 때 주의한다.

운동은 규칙적으로 시켜준다. 그렇지 않으면 신경질적으로 변한다. 하루에 30-40분씩 달리는 훈련을 시킨다.

* 원산지는 러시아로서 키는 수컷은 54-60cm 정도, 암컷은 51-56cm 정도이며, 몸무게는 수컷은 20-27kg 정도, 암컷은 16-23kg 정도이다.

4) 시코쿠견

(1) 역사

산악 지대에서 사냥개로 활약했던 시코쿠견은 다른 개와 접촉이 적었기 때문에 현재까지 혈통이 잘 유지되고 있다. 투견으로 유명한 도사견의 근원이기도 하다.

(2) 주의할 점

시코쿠견은 주의할 점이 따로 없는 건강한 개다.

먹이는 원래 개 먹이만 먹었기 때문에 이것저것 맛있는 것을 골라 주면 오히려 설사를 하므로 개 사료만 주도록 한다.

운동은 하루에 두 번, 아침저녁으로 시킨다.

* 원산지는 일본으로서 수컷은 52cm 정도, 암컷은 46cm 정도이며, 몸무게는 20-30kg 정도이다.

5) 아키타견

(1) 역사

아키타견은 일본 에도 시대에 아키타의 영주가 투견으로 사용하던 개를 여러 서양 개와 교배시켜 탄생한 개다. 1931년에 천연 기념물로 지정되었다. 주인을 향한 개의 사랑을 그린 영화 '하치 이야기'의 주인공이다.

(2) 주의할 점

아키타견은 주의할 점이 따로 없는 건강한 개다.

먹이는 물을 너무 많이 마시면 체형이 미워질 수 있으므로 주의한다.

운동은 부족하면 스트레스를 받아 공격하기도 하니 하루에 한 시간 정도 운동시켜 준다.

* 원산지는 일본으로서 키는 수컷은 67cm 정도, 암컷은 61cm 정도이며, 몸무게는 34-50kg 정도이다.

6) 알래스칸 맬러뮤트

(1) 역사

알래스칸 맬러뮤트는 알래스카 북서부에 있는 맬러뮤트 부족들이 키우던 개다. 그래서 '알래스칸 맬러뮤트'라는 이름을 갖게 되었다. 썰매를 끌거나 사냥, 어업을 돕던 개로, 발이 빠르고 힘이 세어 '눈 열차'라는 별명을 가지고 있다.

(2) 주의할 점

알래스칸 맬러뮤트는 더위에 약하고 환절기에는 털이 잘 빠지므로 관리를 잘 해주어야 한다.

먹이는 칼로리가 부족하면 마를 수 있으므로 칼로리 소비가 많은 겨울에는 양을 조금 늘려 준다.

운동은 강아지일 때는 30분 정도 가볍게 산책시키고, 다 자랐을 때 운동시키는 것이 좋다. 그래야 뼈가 충분히 자란다.

* 원산지는 미국(알래스카)으로서 키는 수컷은 63cm 정도, 암컷은 58cm 정도이며, 몸무게는 수컷은 38kg 정도, 암컷은 34kg 정도이다.

7) 카이견

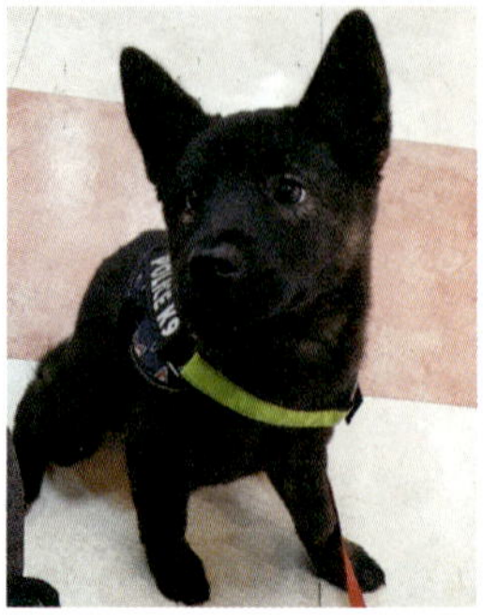

(1) 역사

카이견은 옛날 일본에서 사슴을 사냥하던 사냥개다. 1933년에 천연 기념물이 되었다.

(2) 주의할 점

카이견은 자기 집에다 배설하는 일이 없다. 산책하거나 운동할 때 일정한 장소에 배설할 수 있도록 해준다.

먹이는 운동량에 따라 양을 조절해 준다.

운동은 하루에 두 번 30분씩 시킨다.

* 원산지는 일본으로서 키는 수컷은 53cm 정도, 암컷은 48cm 정도이며, 몸무게는 16-18kg 정도이다.

8) 키슈견

(1) 역사

키슈견은 옛날 일본에서 멧돼지나 곰을 사냥하던 사냥개다. 털이 하얘서 '신의 사자' 라고 높이 받들어졌으며, 1934년에 천연 기념물로 지정되었다.

(2) 주의할 점

키슈견은 자기 집에는 배설하지 않는다. 오전에 산책이나 운동을 꼭 시키도록 한다.
먹이는 운동량에 따라 양을 조절해 준다.
운동은 하루에 두 번 30분씩 시킨다.

* 원산지는 일본으로서 키는 수컷은 52cm 정도, 암컷은 46cm 정도이며, 몸무게는 20-30kg 정도이다.

9) 홋카이도견

(1) 역사

홋카이도견은 원래 '아이누견'이라고 불리다가 1937년 천연 기념물로 지정되면서 '홋카이도견'이라는 이름이 붙었다. 아이누족이 데리고 다니면서 곰이나 사슴을 사냥하던 사냥개다. 1902년 일본의 육군 보병 연대가 산에서 조난당했을 때, 수색하는 데 큰 활약을 했다고 한다.

(2) 주의할 점

홋카이도견은 눈 속을 뛰어다니던 개이기 때문에 여름에 약하다. 집을 시원하게 해 주어야 한다. 여름철 더위에만 신경 써준다면 건강하게 자란다.

먹이는 옛날부터 사람과 음식을 함께 먹었기 때문에 사람이 먹는 것을 나누어 주어도 괜찮다. 하지만 너무 달거나 짜거나 매운 것은 피한다. 맛있는 음식에 너무 길들여지지 않도록 한다.

운동은 일찍 시작한다. 가볍게 산책부터 시작해서 자랄수록 운동량을 늘려준다. 다른 개들과 적극적으로 접촉할 기회를 줌으로써 사회성을 길러나갈 수 있다.

* 원산지는 일본으로서 키는 수컷은 49-52cm 정도, 암컷은 46-49cm 정도이며, 몸무게는 21-30kg 정도이다.

6. 건도그 그룹

건도그 그룹은 새 사냥을 하던 종으로 골든 리트리버, 래브라도 리트리버, 아메리칸 코커 스패니얼, 아이리시 세터, 잉글리시 세터, 잉글리시 포인터가 있다.

1) 골든 리트리버

(1) 역사

19세기 중엽에 영국을 돌면서 서커스단에서 재주를 부리던 개가 골든 리트리버의 선조라고 한다. 그 후 새 사냥에 맞도록 개량해서 총에 맞은 사냥감을 물어오는 일을 했다. '회수하다'라는 뜻의 '리트리브'에서 리트리버라는 이름을 갖게 되었다.

(2) 주의할 점

골든 리트리버는 귀가 늘어져 있어 귓병에 걸리기 쉽기 때문에 자주 청소를 해줘야 한다.

먹이는 강아지일 때 아주 빨리 자라기 때문에 비타민이나 칼슘이 든 식품을 섞어 주면 좋다. 너무 단 음식이나 지방은 자칫 피부병을 일으킬 수 있으므로 많이 주지 않는다.

운동은 하루에 30분 정도 시켜준다. 함께 뛰어놀면 아주 좋아한다.

* 원산지는 영국으로서 키는 수컷은 56-61cm 정도, 암컷은 51-56cm 정도이며, 몸무게는 수컷은 29-34kg 정도, 암컷은 25-30kg 정도이다.

2) 래브라도 리트리버

(1) 역사

16세기 캐나다 래브라도 반도에서 길렀던 개가 선조다. 어부와 함께 바다에 나가 그물에 걸린 물고기를 회수하던 개다. 19세기에 영국으로 건너가 개량되었다. 지금은 맹인안내견이나 경찰, 마약탐지견으로 활약하고 있다.

(2) 주의할 점

래브라도 리트리버는 영리해서 훈련을 재미있게 시킬 수 있지만, 고집이 세어서 자칫 나쁜 습관이 들면 고치기 힘들다. 좋고 나쁜 것을 확실히 구별해서 훈련시켜야 한다.

먹이는 털이 짧아 겨울에는 체온을 유지하려면 많은 에너지를 필요로 하므로 사료의 양을 늘리거나 고지방 식품을 섞어 준다.

운동은 매일 시킨다. 특히 물을 좋아하고 수영도 잘한다.

* 원산지는 영국으로서 키는 수컷은 57-62cm 정도, 암컷은 55-60cm 정도이며, 몸무게는 수컷은 27-34kg 정도, 암컷은 25-32kg 정도이다.

3) 아메리칸 코커 스패니얼

(1) 역사

1620년 영국의 청교도들이 메이플라워호를 타고 미국으로 건너가면서 잉글리시 코커 스패니얼을 데려갔는데, 그 잉글리시 코커 스패니얼을 개량한 것이 바로 아메리칸 코커 스패니얼이다. 원래 멧도요(우드코크)를 사냥하던 사냥개로, '코커'라는 이름도 여기에서 붙게 되었다.

(2) 주의할 점

아메리칸 코커 스패니얼은 털이 빽빽하게 나 있어서 피부병에 걸리기 쉽다. 털이 엉키지 않게 빗질을 자주 해준다.

먹이는 아메리칸 코커 스패니얼이 활발하기 때문에 사료 외에 간식으로 단백질이 풍부한 고기 통조림이나 치즈를 주는 것이 좋다. 대여섯 살이 되면 운동량이 줄어들므로 살이 찌지 않게 저칼로리 사료를 준다.

운동은 하루에 한두 번 매일 30분씩 산책하는 것이 좋다. 공놀이도 좋다.

* 원산지는 미국으로서 키는 수컷은 38cm 정도, 암컷은 36cm 정도이며, 몸무게는 11-13kg 정도이다.

4) 아이리시 세터

(1) 역사

이름에서 알 수 있듯이 아일랜드가 고향인 아이리시 세터는 15세기경 유럽 대륙에 있던 레드 스패니얼이 선조다. 그 후 아일랜드로 건너가 멋진 사냥개로 개량되었다. '세터'라는 이름은 사냥감을 발견하고 엎드리기(세트) 때문에 붙여졌다.

(2) 주의할 점

아이리시 세터는 골절되기 쉬우므로 너무 어렸을 때부터 심한 운동을 시키지 않는다. 그리고 길을 잃기 쉬우므로 산책을 할 때는 반드시 줄을 매도록 한다.

먹이는 칼로리 소비가 많은 겨울에는 양을 조금 늘려 주고, 염분이 많은 것은 피하는 것이 좋다.

운동은 부족하면 신경질적이 되기 때문에 태어난 지 6개월부터 운동을 시작하고 다 자라면 자전거를 타고 달리며 운동시킨다.

* 원산지는 아일랜드로서 키는 수컷은 69cm 정도, 암컷은 64cm 정도이며, 몸무게는 수컷은 32kg 정도, 암컷은 27kg 정도이다.

5) 잉글리시 세터

(1) 역사

잉글리시 세터는 400년 전부터 영국에서 새 사냥을 하던 개로, '사냥의 천재'라고 불린다. 후각이 예민하여 사냥감을 발견하면 엎드리는 자세를 취한다.

(2) 주의할 점

잉글리시 세터는 덮인 귀로 인해 귀에 관한 질환이나 질병에 취약하다. 그리고 잘 짖기 때문에 강아지일 때부터 훈련을 잘 시켜야 한다.

먹이는 한꺼번에 많이 주지 않는다. 특히 몸이 붓는다 싶으면 적은 양으로 두세 번에 나누어 준다.

운동은 넓은 곳을 뛰어다니게 해준다.

* 원산지는 영국으로서 키는 수컷은 64cm 정도, 암컷은 61cm 정도이며, 몸무게는 25-30kg 정도이다.

6) 잉글리시 포인터

(1) 역사

잉글리시 포인터는 16세기 초 이베리안 반도(스페인 부근)에서 영국으로 건너간 개가 선조다. 사냥감을 발견하면 앞발을 드는 특이한 포즈로 잘 알려져 있다.

(2) 주의할 점

잉글리시 포인터는 귀가 늘어져 있으므로 귓병에 주의한다.
먹이는 강아지일 때 사료에 소고기나 유제품을 섞어 준다.
운동은 많이 시켜준다. 자전거를 타고 함께 운동하거나 물어오기 놀이를 하면 좋다.

* 원산지는 영국으로서 키는 수컷은 64-71cm 정도, 암컷은 58-66cm 정도이며, 몸무게는 수컷은 25-34kg 정도, 암컷은 21-30kg 정도이다.

7. 워킹 그룹

워킹 그룹은 일하는 것을 좋아해 인간의 생활을 돕는 종으로 그레이트 데인, 그레이트 피레니즈, 뉴펀들랜드, 도베르만 핀셔, 로트바일러, 마스티프, 버니즈 마운틴 도그, 복서, 세인트 버나드가 있다.

1) 그레이트 데인

(1) 역사

그레이트 데인은 16세기경 독일에서 멧돼지를 잡던 사냥개로서 셰퍼드와 함께 독일의 대표적인 개다. 그런데 독일을 몹시 싫어하는 프랑스 사람이 덴마크의 이름을 따서 부른 이름이 굳어져서 지금의 '그레이트 데인'이 되었다. 독일에서는 '도이체 도게'라는 이름으로 불린다. 독일의 재상 비스마르크는 교섭 장소에 그레이트 데인을 데리고 나가 상대를 위협하는 데 이용했다고 한다. 늠름한 모습 때문에 영국에서는 '대륙의 신사'로 불린다.

(2) 주의할 점

그레이트 데인은 워낙 성장이 빨라 뼈에 무리가 갈 수 있다. 성장기에 너무 심한 운동은 피한다.

먹이는 성장이 빠른 편이므로 강아지일 때 치즈나 삶은 고기로 보충해 주고, 비타민도 챙겨 준다.

운동은 하루에 한두 시간 정도 시키는 것이 좋다.

* 원산지는 독일로서 키는 수컷은 76-81cm 정도, 암컷은 70-76cm 정도이며, 몸무게는 수컷은 54kg 정도, 암컷은 45kg 정도이다.

2) 그레이트 피레니즈

(1) 역사

그레이트 피레니즈는 기원전 100년경 페니키아인을 따라다니던 개와 유럽 개 사이에서 태어났다. 그 후 프랑스와 스페인의 국경인 피레네 산맥에서 가축을 지키거나 썰매를 끌기도 하고, 18세기에는 프랑스 궁정에서 사육되기도 했다.

(2) 주의할 점

그레이트 피레니즈는 몸집이 크고 힘도 세고 게다가 고집도 세기 때문에 처음부터 잘 길들이지 않으면 제멋대로 되기 쉽다. 강아지일 때부터 훈련을 확실히 시켜야 한다.

먹이는 아주 빨리 자라기 때문에 성장에 맞춰 사료를 충분히 주어야 한다. 여름에 식욕이 없으면 고기 통조림을 섞어서 준다.

운동은 하루에 두어 번 30분–1시간 정도 산책시킨다. 더위에 약하므로 서늘할 때 산책하는 것이 좋다.

* 원산지는 프랑스(피레네 산맥)로서 키는 수컷은 69-81cm 정도, 암컷은 63-74cm 정도이며, 몸무게는 수컷은 45-57kg 정도, 암컷은 39-52kg 정도이다.

3) 뉴펀들랜드

(1) 역사

세인트 버나드가 산의 구조견이라면, 뉴펀들랜드는 바다의 구조견이다. 사람을 구할 수 있을 정도로 큰 뉴펀들랜드는 물이 잘 스며들지 않는 두꺼운 이중 털과 물갈퀴 모양의 발을 가지고 있어서 수영을 잘한다.

뉴펀들랜드는 16세기에 노르웨이 사냥꾼이 데려온 마스티프 계통의 개와 뉴펀들랜드섬의 개를 교배시켜 만든 것으로 추측되고 있다. 그러나 바이킹의 개라는 설과 프랑스 어부가 데리고 온 그레이트 피레니즈가 조상이라는 설 등 기원에 대한 여러 가지 추측이 있다. 18세기 유럽에 소개되어 사람들에게 많은 사랑을 받았다.

(2) 주의할 점

뉴펀들랜드는 더위에 약하므로 여름철은 그늘지고 통풍이 잘되는 장소에 있게 해준다. 털갈이 시기에 털이 많이 빠지므로 빗질을 자주 해주어 털이 뭉치지 않게 한다. 또한 식후에 심한 운동을 시키면 위경련을 일으킬 수 있으므로 주의한다.

먹이는 성장이 빠른 만큼 사료에 고기나 유제품을 섞어 충분히 영양을 공급해준다. 그렇지 않으면 골절을 입을 수 있다. 그리고 먹이를 급하게 먹기 때문에 위경련을 일으킬 수 있으므로 하루에 두 번 정도로 나누어 주면 좋다.

운동은 하지 않으면 신경질적으로 변할 수 있으니 하루에 두 번 1시간 정도 넓은 곳에서 뛰어놀게 해준다. 함께 자전거를 타며 운동하는 것도 좋다.

* 원산지는 캐나다로서 키는 수컷은 71cm 정도, 암컷은 66cm 정도이며, 몸무게는 수컷은 59-68kg 정도, 암컷은 45-51kg 정도이다.

4) 도베르만 핀셔

(1) 역사

19세기 후반 독일의 '도베르만'이라는 사람이 가정에서 경비견으로 기를 만한 개를 만들기 위해 여러 개를 교배시켰다. 그렇게 탄생한 것이 바로 도베르만 핀셔다. 제1차 세계 대전 때 독일의 군용견으로 활약했다.

(2) 주의할 점

도베르만 핀셔는 부분 탈모가 되기 쉽고 강아지일 때 운동을 너무 시키면 골절 당할 수 있으므로 주의한다.

먹이는 정말 빨리 자라는 개라 영양을 충분히 공급해 주어야 하므로 사료에 통조림이나 유제품을 섞어 준다.

운동은 부족하면 난폭해지기 때문에 하루에 두 번 정도 충분히 달릴 수 있도록 해준다. 공 던지기도 좋은 운동이다.

* 원산지는 독일로서 키는 수컷은 66-71cm 정도, 암컷은 61-66cm 정도이며, 몸무게는 30-40kg 정도이다.

5) 로트바일러

(1) 역사

로트바일러는 로마 제국의 군대가 알프스를 넘을 때 군대의 식량인 소를 몰던 개가 선조다. 스위스와 국경이 가까운 독일의 도시 로트바일에서 개량되었다.

(2) 주의할 점

로트바일러는 주의할 점이 없을 만큼 별다른 병에 걸리지 않는 튼튼한 개다.
먹이는 강아지일 때 우유를 섞어 주거나 고기나 치즈를 함께 준다.
운동은 하루에 두 번 2km 정도 산책시키는 것이 좋다.

* 원산지는 독일로서 키는 수컷은 61-69cm 정도, 암컷은 56-64cm 정도이며, 몸무게는 41-59kg 정도이다.

6) 마스티프

(1) 역사

마스티프는 영국의 사자왕 리처드가 아주 아꼈다고 한다. 12세기부터 영국에서 투견으로 인기가 높았다가 투견이 금지되면서 군용견으로 개량되었다.

(2) 주의할 점

마스티프는 다른 애완동물을 공격하는 경우가 있으니 주의한다.
먹이는 성장이 빠르므로 사료에 소고기나 유제품을 섞어 준다.
운동은 하루에 두 번 1시간 이상 충분히 시킨다.

* 원산지는 영국으로서 키는 수컷은 78cm 정도, 암컷은 71cm 정도이며, 몸무게는 54-100kg 정도이다.

7) 버니즈 마운틴 도그

(1) 역사

버니즈 마운틴 도그는 로마 제국이 알프스를 넘어 스위스에 침입할 때 군대의 식량인 소 떼를 몰던 개가 선조다. 그 개가 스위스에 남게 되면서 베른 지방의 사람들이 개량한 것이다.

(2) 주의할 점

버니즈 마운틴 도그는 살이 찌면 다리에 무리를 주므로 살이 찌지 않게 주의한다.
먹이는 살이 찌지 않도록 양을 잘 조절해 준다.
운동은 웬만큼 크면 하루에 두 번 1시간씩 시킨다.

* 원산지는 스위스로서 키는 수컷은 64-70cm 정도, 암컷은 59-66cm 정도이며, 몸무게는 40-44kg 정도이다.

8) 복서

(1) 역사

복서는 원래 투견으로 만들어진 개다. 뒷다리로 일어서 앞다리를 내미는 모습이 마치 권투 선수 같다고 해서 '복서'라는 이름이 붙었다.

(2) 주의할 점

복서는 아픈 것을 잘 참는 편이라 주의 깊게 살피지 않으면 상처나 병을 키울 수 있다.
먹이는 위경련을 일으키기 쉬우므로 하루에 두 번 이상 나누어 준다.
운동은 하루에 30분 정도 시킨다.

* 원산지는 독일로서 키는 수컷은 57-64cm 정도, 암컷은 53-60cm 정도이며, 몸무게는 25-32kg 정도이다.

9) 세인트 버나드

(1) 역사

세인트 버나드는 중앙아시아의 훈족이 알프스를 넘어 스위스를 침략할 때 데리고 간 개가 선조다. 그 후 이탈리아 국경에 가까운 생베르나르(영어식 발음은 세인트 버나드) 수도원에서 번식했다고 한다.

스위스를 대표하는 개인 세인트 버나드는 구조견으로도 유명하다. 교통수단이 발달하지 않은 옛날에는 알프스를 넘다가 조난당하는 일이 많았다고 한다. 그때 세인트 버나드가 약과 먹을 것이 든 작은 통을 목에 매고 달려가 사람들을 구했다.

(2) 주의할 점

세인트 버나드는 덩치가 크기 때문에 자칫 골절을 당할 수 있다.

먹이는 몸무게가 만만치 않은 만큼 사료만으로는 체력이 유지되지 않는다.

운동은 운동 부족이 되기 쉬우므로 태어난 지 6개월이 지나면 충분히 운동시킨다.

* 원산지는 스위스로서 키는 수컷은 70cm 이상, 암컷은 68cm 이상이며, 몸무게는 50-91kg 정도이다.

8. 컴패니언 그룹

컴패니언 그룹은 인간과 친구처럼 지내는 종으로 달마티안, 라사 압소, 보스턴 테리어, 샤페이, 차우차우, 프렌치 불도그가 있다.

1) 달마티안

(1) 역사

고대 이집트에 반점 모양의 개가 있었다는 이야기로 보아 달마티안은 수천 년 전부터 존재했던 것으로 보인다. 구 유고슬라비아의 달마티아 지방에 살았기 때문에 '달마티안'이라는 이름을 갖게 되었고, 옛날에는 마차 수위견으로 귀족들에게 사랑을 받았다.

(2) 주의할 점

달마티안은 태어날 때부터 귀머거리로 태어나는 경우가 많다. 또 피부병에 걸리기 쉬우므로 털을 잘 손질해준다.

먹이는 먹을 것이 보이면 달라고 응석을 부리는 경우가 많은데 그러면 식사훈련이 엉망이 될 수 있으므로 강아지일 때부터 엄하게 가르치도록 한다.

운동은 많이 필요하다. 자전거를 타면서 함께 달리는 운동을 하면 좋다.

* 원산지는 구 유고슬라비아로서 키는 48-58cm 정도이며, 몸무게는 23-25kg 정도이다.

2) 라사 압소

(1) 역사

라사 압소는 2,000년 전부터 티베트의 승려와 귀족 들이 키우던 애견이다. 마귀를 내쫓을 뿐 아니라 주인이 죽으면 그 혼이 라사 압소 몸 속에 들어간다고 해서 귀하게 여겼다. 중국 황제에게 선물해 페키니즈와 시추를 탄생시키기도 했다. 염소를 티베트어로 '압소'라고 하는데 염소처럼 턱수염이 길기 때문에 '라사 압소'라는 이름을 가지게 되었다.

(2) 주의할 점

라사 압소는 대체로 건강한 편이지만, 귀의 염증과 피부병을 조심해야 한다. 피부병이 생기지 않도록 매일 부지런히 손질한다.

먹이는 고단백 식품을 주어 골격이 튼튼해지도록 하고 골격이 형성되면 살이 찌지 않도록 칼로리를 조절해 준다. 운동량에 따라 먹이의 양을 조절하면 된다.

운동은 공놀이나 달리기를 함께하면 좋다. 스트레스를 풀어주기 위해서 하루에 한 번은 짧은 시간이라도 산책시킨다.

* 원산지는 중국(티베트)으로서 키는 25-28cm 정도이며, 몸무게는 6-7kg 정도이다.

3) 보스턴 테리어

(1) 역사

보스턴 테리어는 19세기 후반 미국 보스턴에서 태어났다. 처음에는 불도그와 불 테리어를 교배해 투견으로 이용되다가 프렌치 불도그와 교배해 소형화되었다.

(2) 주의할 점

보스턴 테리어는 비교적 튼튼한 개지만 코가 짧아서 추운 겨울에 비염에 걸릴 수 있으므로 실내 온도에 신경 써준다.

먹이는 턱이 강해 갉아 먹는 것을 좋아하며, 소뼈를 주면 이를 튼튼하게 할 수 있다.

운동은 매일 15분씩만이라도 밖으로 데리고 나가 시켜준다.

* 원산지는 미국으로서 키는 38-43cm 정도이며 몸무게는 6.8kg 미만, 6.8-9kg, 9-11kg의 3 등급으로 나뉜다.

4) 샤페이

(1) 역사

한나라 시대의 그림에 비슷한 개 그림이 있는 것으로 보아 샤페이는 기원전 200여 년 전부터 있었다고 짐작된다. 또 약 2,000년 전에 티베트와 중국 북부에 존재했던 큰 개의 후손이라고도 한다. 1900년대 들어와서 수가 무척 줄어 위험한 상황에 놓이기도 했으나 1970년대에 몇 마리가 미국으로 건너가게 되면서 번성하기 시작했다.

중국어로 '축 늘어진 피부'라는 뜻의 샤페이는 주름이 매력인 만큼 주름이 많은 개일수록 비싸다. 게다가 새끼를 많이 낳지 않기 때문에 드문 견종이다.

(2) 주의할 점

샤페이는 환경이 변하면 심한 스트레스를 받을 수 있다. 그리고 주름이 많아 주름 사이사이에 피부병을 앓기 쉽고, 털이 짧아 추위에 약하다. 또한 눈꺼풀이 말려 눈을 찌를 수 있으므로 신경 써준다.

특별한 먹이나 사료는 필요하지 않다.

운동은 매일매일 시켜준다. 어릴 때부터 다른 개들이나 사람들과 자주 접촉하게 하여 사회성을 길러주면 좋다. 단 훈련되지 않은 경우 사람이 많은 곳에서는 멀리 달아날 수 있으므로 끈으로 묶는 것이 좋다.

* 원산지는 중국으로서 키는 46-51cm 정도이며, 몸무게는 18-23kg 정도이다.

5) 차우차우

(1) 역사

약 3,000년의 긴 역사를 가진 차우차우는 썰매를 끌던 개다. 입과 혀가 푸른색과 검은색이 도는 것이 특징이다. 옛날에는 악령으로부터 사원을 지키는 역할을 했고, 황제나 귀족의 사냥개 역할을 하기도 했다.

이름에 대한 설이 여러 가지가 있는데 중국어로 썰매를 '차오'라고 하는 데서 이름이 유래되었다고도 하고, '음식'이라는 뜻의 '차우'에서 유래되었다고도 한다.

(2) 주의할 점

차우차우에게 뒤에서 다가갔다가는 물릴 수도 있다. 경계심이 워낙 뛰어나서 약간 이상하다 싶으면 바로 물어버린다.

먹이는 게으른 성격에 과식까지 하면 뚱뚱해지기 쉽기 때문에 많이 먹이지 않는다.

운동은 심한 운동보다는 20분 정도 산책시킨다.

* 원산지는 중국으로서 키는 43-51cm 정도이며 몸무게는 20-32kg 정도이다.

6) 프렌치 불도그

(1) 역사

프렌치 불도그의 선조는 잉글리시 불도그로, 처음에는 투견으로 번식되었다. 그 후 점차 실내 애견으로 개량되었다. 19세기에는 프랑스의 상류층 부인들에게 많은 사랑을 받았다.

(2) 주의할 점

프렌치 불도그가 새끼를 낳을 때는 반드시 수의사와 상담한다. 출산하는 것이 힘들어 제왕절개 수술을 하는 경우가 많다.

먹이는 식욕이 왕성한 편이므로 고기나 간식을 많이 주지 않는다. 사료만 먹이는 것이 제일 좋다. 날씨가 쌀쌀한 가을이나 겨울에는 체온을 유지하기 위해 식사량을 조금 늘려도 괜찮다.

운동은 안에만 있으면 소극적이 될 수 있어 산책시키며 다른 개와도 친하게 지낼 수 있도록 한다.

* 원산지는 프랑스로서 키는 30cm 정도이며, 몸무게는 10-13kg 정도이다.

9. 우리 토종개

마지막으로 우리 토종개는 대한민국이 원산지인 종으로 삽살개, 진돗개, 풍산개가 있다.

1) 삽살개

(1) 역사

악귀를 쫓는다는 삽살개는 신라 시대 왕가에서 기르는 특별한 개였다. 김유신 장군이 군용견으로 전쟁터에 데리고 다니기도 했다.

일제 강점기 때 일본군의 방한복을 만들기 위해 무자비하게 도살되면서 멸종 위기에 놓이기도 했는데, 1992년 천연 기념물 제368호로 지정되고 한국 삽살개 보전 협회가 생기면서 혈통 보존에 애쓰고 있다.

(2) 주의할 점

삽살개는 털이 길어 엉키기 쉬우므로 빗질을 자주 해준다. 털이 뭉치지도 않고 피부병도 예방할 수 있다. 여름에 모기에 물려 필라리아증에 걸릴 수 있으므로 늦은 봄부터는 예방약을 먹이도록 한다.

먹이는 강아지일 때 튼튼한 골격과 근육을 위해 칼슘강화 먹이를 준다. 사료는 변이 무르거나 딱딱하지 않을 정도의 양으로 주는 것이 좋다.

운동은 하루에 30분 정도 함께 산책한다. 이리저리 뛰어다니다가 애교를 부리기도 하며 좋아한다.

* 원산지는 경상북도 경산으로서 키는 수컷은 52cm 정도, 암컷은 49cm 정도이며, 몸무게는 수컷은 21kg 정도, 암컷은 18kg 정도이다.

2) 진돗개

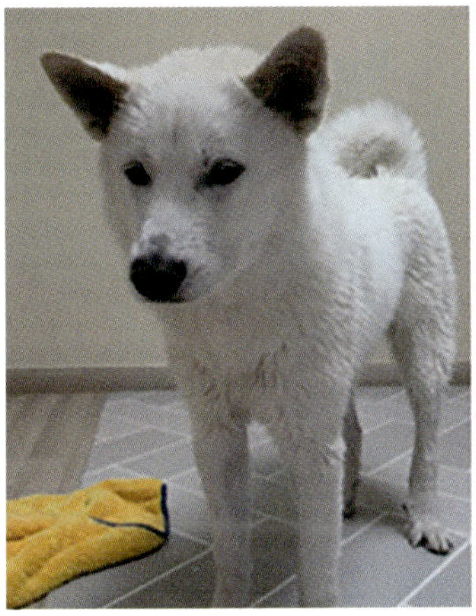

(1) 역사

전설에 의하면 고려 시대에 몽고인들이 군사용 말을 기르는 목축견으로 데리고 온 개를 진도에서 사육했다고 한다. 그 후 외국 개의 영향을 받지 않고 순수하게 자라 이상적인 품종이 되었으며, 천연 기념물 제53호로 지정되어 있다.

(2) 주의할 점

진돗개는 예방 접종을 잘 시키고 개집을 깨끗하게 해주면 웬만한 잔병치레는 하지 않는다. 1주일에 두세 번 따뜻한 물수건으로 개의 몸을 덮고 마사지를 해주면 건강에 좋다. 여름에는 필라리아증에 걸릴 수 있으므로 늦은 봄부터는 예방약을 먹이도록 한다.

먹이는 태어난 지 두 달에서 네 달 사이에는 칼슘과 인을 섭취할 수 있도록 한다. 그리고 동물성 단백질을 이유식으로 주는 것이 좋다. 과식하면 체형을 망칠 수 있으므로 과식하지 않도록 조절해준다.

운동은 시키지 않으면 난폭해질 수 있어 매일 규칙적으로 시키는 것이 좋다.

* 원산지는 전라남도 진도로서 키는 수컷은 50-55cm 정도, 암컷은 45-50cm 정도이며, 몸무게는 수컷은 18-23kg 정도, 암컷은 15-19kg 정도이다.

3) 풍산개

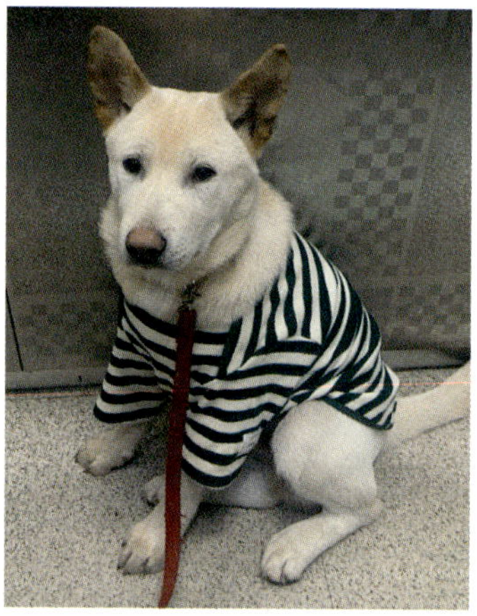
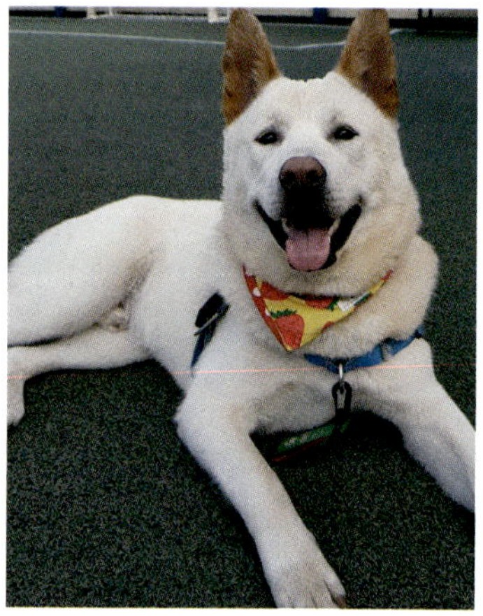

(1) 역사

풍산개의 역사는 명확히 알려진 바 없다. 조선시대 왕가에서 사냥을 위해 키워졌다고 하며 설화 등에 종종 등장하는 등 구전으로 알려져 있다.

함경남도 풍산군에서 유래한 품종으로서 한국의 대표적 사냥개의 한 품종이다. 진돗개와 유사한 생김새로 추운 날씨에 잘 적응하여 털이 굵고 몸이 단단하며 기질과 힘이 강하고 식욕이 왕성하다.

(2) 주의할 점

풍산개는 사냥개와 경비견으로 키워질 만큼 총명하고 민첩하며 충성심이 높아 주인을 잘 따르며 타인에 대한 경계심이 높아 주의가 필요하다. 북쪽 산악지방의 품종으로 추위에 강하고 더위에는 매우 취약하므로 주의한다.

먹이는 성장이 빠르고 체구가 있는 만큼 균형적인 급여가 필요하다. 가끔 뼈를 제거한 날고기(돼지고기, 소고기, 가금육)을 주면 풍산개 특유의 사냥성 보존에 도움 된다.

운동은 사냥개의 특성상 규칙적인 산책이나 신체활동 등이 건강유지에 꼭 필요하다.

* 원산지는 대한민국으로서 키는 50-60cm 정도이며, 몸무게는 20-27kg 정도이다.

제2절 견종별 유전적 질환과 영양소

개는 견종에 따라 유전적 질환을 가지고 있는데, 유전적 질환을 갖고 태어난 개들은 살아가는 동안 많은 어려움과 고통을 겪게 될 뿐만 아니라 대를 이어 악순환되기도 한다. 따라서 반려견 가족이라면 개를 분양받거나 기를 때 견종에 대해 기본적으로 유전적 질환에 대한 지식을 가지고 초기 진단 및 치료를 하는 것이 중요하다. 하지만 치료 못지않게 중요한 것은 이러한 질환이 유전되는 것을 예방하기 위해 중성화 수술 등으로 번식을 통제하는 것이다.

국내에서는 선진국처럼 유전적 질환에 대한 강제적인 통제를 기대하기 어려운 상황이므로 반려견 가족의 자구적인 노력이 필요하다.

일반적으로 소형견종에는 기관허탈이나 슬개골 탈구, 난산 등이 발생하는 경향이 있고, 대형견종에서는 대사성골 질환과 뼈 질환의 육종이나 팔꿈치의 형성 장애 등이 보고되고 있다. 코가 짧은 단두종인 견종(퍼그, 불도그 등)에서는 뇌하수체 낭종과 콧구멍의 협착이 많이 발생한다.

1. 신체 5대 영양소

1) 신체 5대 영양소의 정의와 종류

(1) 단백질

단백질은 효소와 호르몬, 항체, 에너지 생성 등의 주요 생체 기능을 수행하고, 피부, 근육, 뼈 등의 구조물질을 구성하는 건강 유지에 필수적인 영양소이다. 살아 있는 세포 중에 수분 다음으로 많이 들어 있는 영양소이기 때문에 음식으로 필요한 단백질을 공급해주는 것이 건강 유지에 좋다.

포도당으로 분해되어 에너지원을 생성하는 탄수화물과는 다르게 인체에 필요한 단백질로 합성해 에너지 대사에 쓰인다.

(2) 무기질

무기질은 식품을 완전히 연소시켰을 때 재처럼 남는 것을 말한다. 생물체를 구성하는 원소 중에 산소, 수소, 탄소, 질소를 제외한 원소를 무기질이라고 하며, 광물질이라고도 한다. 인체 체중의 약 4% 정도를 차지하는 극소량이지만 골격과 구조를 이루는 구성성분으로 중요한 영양소이다.

무기질은 대량 무기질과 미량 무기질로 나눌 수 있다. 대량 무기질은 나트륨, 칼슘, 마그네슘, 칼륨, 인, 염소가 있고, 미량 무기질은 철, 요오드, 아연, 구리, 망간, 크롬 등의 성분이 있다.

(3) 비타민

비타민은 그 자체로 에너지를 생산하는 것은 아니지만 탄수화물, 지방, 단백질의 에너지를 생산하도록 돕거나 인체의 기능을 정상적으로 조절해주는 유기화합물이다. 에너지원으로 쓰이지 않기 때문에 부영양소라고도 하며, 체내에서 합성되지 않으므로 음식물을 통해 섭취해야 한다.

비타민은 지용성 비타민과 수용성 비타민으로 나눌 수 있다. 지용성 비타민에는 A, D, E 및 K가 있고, 수용성 비타민에는 비타민 B와 C가 있다. 두 비타민은 서로 다르게 작용하는데 수용성 비타민은 가열 시 손실이 쉽지만 체내에 축적되지 않고 배설된다. 반면 지용성 비타민은 체내에 쉽게 축적되어 질병을 유발할 수 있다.

(4) 탄수화물

탄수화물은 전체 에너지의 60-70%를 차지하는 주된 영양소로 인체에 꼭 필요하다. 한국인의 식사 가운데 큰 비중을 차지하는 쌀, 보리, 밀가루 등이 탄수화물의 주성분이다. 에너지를 공급하고 저장하는 중요한 영양소로, 포도당과 같은 단당류로 분해되어 흡수된다.

포도당은 탄수화물 내에서 비교적 작은 분자로 물에 녹아 단맛이 난다. 이를 당류라고 하는데 당류는 분자 수에 따라 단당류, 이당류, 다당류로 구분한다.

몸을 구성하는 단백질, 지방보다 비율이 낮으므로 이를 과도하게 섭취 시, 글리코겐과 지방의 형태로 체내 저장되어 몸에 무리가 올 수 있고, 부족 시에는 열량 섭취 부족의 원인이 된다.

(5) 지방

지방은 뇌의 65%를 차지하며, 3대 영양소 중 가장 많은 에너지를 만드는 영양소이다. 체내에서 일정한 체온을 유지시켜 주고 외부 충격으로부터 장기를 보호해주고 힘을 내게 해준다.

지방은 흔히 온도가 낮아지면 고체로 굳어버리는 포화 지방(Fat)과 액체 상태로 있는 불포화 지방(Oil)의 두 종류가 있다. 포화 지방은 육류에 많이 들어 있고, 불포화 지방은 식물성 기름과 등푸른 생선에 많이 들어 있다.

포화 지방은 적절히 섭취 시 체온 유지, 충격 완화의 역할을 하지만, 과다 섭취 시 비만이나 동맥경화 등의 원인이 될 수 있다. 불포화 지방은 중성 지방이나 콜레스테롤을 줄여주는 역할을 하지만, 과다 섭취 시 고혈압의 원인이 되므로 적절하게 섭취해야 한다.

2) 5대 영양소의 역할

(1) 단백질

- 효소와 호르몬 생성
- 항체 생성
- 에너지 생성
- 피부, 근육, 뼈 등의 구조물질 형성
- 혈액 응고에 필요
- 체내에서 영양소 등 운반
- 체액의 유지와 전해질 균형 유지에 도움을 줌
- 산-염기 균형 유지에 도움을 줌

(2) 무기질

- 생활 기능의 조절
- 세포의 기능을 완수하도록 도움을 줌
- 체내에서 적절한 pH를 유지
- 수분대사 조절

▶ 다량 무기질

- **칼슘:** 치아와 뼈 형성, 혈액 응고, 근육 수축·이완 작용, 신경 흥분 억제
- **인:** 치아와 뼈 형성, 산-염기 균형 조절
- **마그네슘:** 치아와 뼈 형성, 효소반응 촉매 역할
- **나트륨:** 칼륨과 같이 혈압 조절

- 칼륨: 나트륨과 같이 혈압 조절

▶ 미량 무기질

- 철분: 혈액의 구성성분, 산소 운반 및 탄산가스 제거
- 요오드: 기초대사율 조절, 갑상선 호르몬 합성
- 아연: 탄산가스 제거, 단백질 합성에 관여, 미각 지원
- 구리: 헤모글로빈 합성
- 망간: 열량 및 단백질 대사 관련 효소
- 크롬: 포도당 대사, 인슐린 호르몬과 관련

(3) 비타민

▶ 지용성 비타민

- 비타민 A: 신체 저항력 강화
- 비타민 D: 생리적 기능 조절 및 생체의 대사 조절

▶ 수용성 비타민

- 비타민 B: 만성 피로, 체지방 개선
- 비타민 C: 뼈, 혈관, 치아 등의 건강 유지, 항산화 작용

(4) 탄수화물

- 에너지 공급
- 장내 운동(소화기관 근육의 수축 자극)
- 신체 구성성분(칼슘의 흡수에 도움을 줌)
- 단백질 절약 작용(단백질이 제 기능을 할 수 있도록 도와줌)

(5) 지방

▶ 식품 내

- 농축된 열량: 1g에 9 kcal의 에너지 생성
- 신체(뇌, 신경조직, 간)의 구성성분
- 필수 지방산의 급원: 체내 합성이 되지 않아 반드시 음식으로 섭취
- 지용성 비타민의 용매로 작용
- 음식을 부드럽게 함
- 음식의 향미 증진
- 식욕 증진

▶ 체내

- 저장 에너지의 주요 형태
- 근육이 일하는 데 필요한 에너지 원료의 급원
- 부족 시 비상용 에너지 원료로 사용
- 내장 장기의 보호, 세포막의 주요 성분
- 피하지방의 환경 온도 변화로부터 보호 기능
- 체내에서 필요한 다른 물질로 전환

3) 5대 영양소 함유식품

(1) 단백질

단백질	함유식품
고기 및 생선류	돼지고기, 닭고기, 쇠고기, 생선, 조개, 소시지
알류	달걀, 메추리알
콩류	콩, 두부, 된장, 청국장

(2) 무기질

▶ 다량 무기질

원소	함유식품
칼슘	우유 및 유제품, 녹색 채소
인	우유 및 유제품, 곡류 및 콩류, 육류
마그네슘	녹색 채소, 곡류 및 콩류, 견과류
나트륨	육류, 생선, 우유 및 유제품, 달걀, 파우더, 화학 조미료 등
칼륨	곡류 및 콩류, 육류, 과일, 녹색 채소

▶ 미량 무기질

원소	함유식품
철	육류, 달걀, 말린 과일
요오드	해조류
아연	굴, 간, 육류, 달걀, 두류
구리	굴, 간, 채소류, 과일류, 종실류
망간	통밀류, 견과류, 종자류
크롬	녹색 채소, 곡류, 효모

(3) 비타민

▶ 지용성 비타민

비타민	함유식품
비타민 A(레티놀)	진노랑색 과일과 야채(당근, 늙은호박, 멜론, 살구, 홍고추 등), 진녹색 야채(브로콜리, 시금치, 쑥갓 등), 우유 및 유제품, 달걀

비타민 D(칼시페롤)	식물성 기름(옥수수유, 면실유, 대두유, 마가린), 대구간유, 햇빛에 의해 생김
비타민 K	녹색 채소, 곡류, 빵, 장내 박테리아에 의해 합성됨

▶ 수용성 비타민

비타민	함유식품
비타민 B1(티아민)	굴, 간, 육류, 달걀, 곡류 및 콩류
비타민 B2(리보플라빈)	우유 및 유제품, 달걀, 완두콩과 말린 콩
비타민 B6(피리독신)	육류, 어류, 가금류, 빵, 오트밀, 아보카도, 바나나, 녹색 채소
비타민 B12(코발라민)	육류, 어류, 굴, 내장육, 달걀, 유제품, 식물성 식품에는 없음
비타민 C(아스코르브산)	감귤류(오렌지, 자몽 등), 기타 과일류, 브로콜리, 양배추, 야채류

(4) 탄수화물

탄수화물	함유식품
곡류 및 제품류	쌀, 보리, 조, 수수, 옥수수, 밀가루, 국수, 라면, 식빵, 과자류, 떡, 설탕
감자류	감자, 고구마, 토란, 당면

(5) 지방

지방산	함유식품
ω-6계 지방산	들깨기름, 등푸른 생선(고등어, 꽁치, 청어 등)
ω-3계 지방산	콩기름, 옥수수기름, 참기름 등

2. 견종별 유전적 질환과 도움이 되는 식품

1) 토이 그룹

(1) 몰티즈

몰티즈는 기생충 감염으로 인한 외이염에 걸리기 쉽다. 눈병에 걸리기 쉽고 눈언저리의 흰털이 눈물로 변색되는 경우도 많이 있다. 유전적 질환으로는 면역매개성 혈소판 감소증이 있다. 성견이 되어서도 간질형 발작, 두개골 숫구멍이 막히지 않는 장애, 슬개골 탈구, 저혈당 발작 등의 발생이 알려져 있다.

기능성 식품으로는 연어, 상어연골, 에센셜 오일이 좋다.

(2) 시추

시추는 비공협착(코)을 일으키기 쉽다. 알레르기성 피부염이나 지루증(간지러움)을 일으키기 쉽다. 유전적 질환으로는 신피질 형성 부전이 알려져 있다. 이빨이 가지런히 났는지도 주의하여 살펴보아야 한다.

기능성 식품으로는 올리브유, 노른자, 연골 등이 좋다.

(3) 요크셔 테리어

요크셔 테리어는 설사, 피부병, 외이염에 주의해야 한다. 강아지일 때 저혈당증이 발생하기도 한다.

기능성 식품으로는 양고기, 올리브유, 노른자가 좋다.

(4) 치와와

치와와는 강아지일 때 저혈당 발작이 일어나는 수가 있다. 유전적 질환으로는 구개열 파열, 슬개골 탈구 등이 있다. 눈병 발생이 잦은 견종으로 홍채위주의 녹내장, 건성 각막염, 각막부종 등이 알려져 있다.

기능성 식품으로는 양질의 육고기와 노른자, 아마씨, 글루코사민 등이 좋다.

(5) 푸들

푸들은 늘어진 귀로 인해 외이염이 발생하기 쉽다. 유전적 질환으로는 진행성 망막 위축증, 첩모중생 등이 알려져 있다.

기능성 식품으로는 아마씨, 로즈메리, 쌀 등이 좋다.

(6) 퍼그

퍼그는 입의 선천적인 장애와 유전적 질환으로서 비공협착이 있다. 큰 눈으로 인해 눈병 발생이 잦다. 항시 눈물, 눈곱의 상태나 각막의 투명도에 주의해야 한다. 피부병도 걸리기 쉬우므로 털이나 몸의 손질에 신경 써야 한다.

기능성 식품으로는 연어, 올리브유, 양고기, 글루코사민 등이 좋다.

(7) 페키니즈

페키니즈는 유전적 질환으로서 요석증, 추간판 헤르니아를 일으키기 쉽고 연골 이영양증, 안구돌출, 소안구증, 첩모중생, 누관폐쇄, 백내장 등의 눈병에 걸리기 쉽다.

기능성 식품으로는 노른자, 양고기, 연어 등이 좋다.

(8) 포메라니안

포메라니안은 항문낭염과 피부병에 걸리기 쉽다. 성장호르몬의 이상으로 인해 일어나는 피부염 발생 위험도가 크며, 몸의 좌우대칭에 탈모가 발생한다. 환추축추 아탈구(치돌기 형성 부전)나 유전적 질환으로서 두개파열(수두증), 슬개골 탈구, 잠복고환 등이 알려져 있다.

기능성 식품으로는 연어, 양고기, 아마씨, 알레르기가 없다면 소량의 허브(에센셜) 오일도 도움 된다.

2) 테리어 그룹

(1) 미니어처 슈나우저

미니어처 슈나우저는 활달하고 똑똑하고 건강한 대표적인 견종이다. 유전적 질환으로는 방광염, 신장병, 요석증 등의 비뇨기계의 질병이 알려져 있다.

기능성 식품으로는 가수분해된 가금육, 육고기, 연어 등이 좋다.

3) 하운드 그룹

(1) 닥스훈트

닥스훈트는 추간판 헤르니아와 특히 신경성의 피부염에 주의해야 한다. 유전적 질환으로는 소안구증 등 눈병 발생이 있다.

기능성 식품으로는 가금육, 연어, 가수분해된 글루코사민과 연골 등이 도움 된다.

(2) 비글

비글은 백내장, 녹내장, 진행성 망막 위축증 등의 눈병이 발생하기 쉽다. 이빨의 결손이나 부정교합이 발생하기도 하며, 추간판 헤르니아를 일으키기 쉽다.

기능성 식품으로는 양고기, 가금육, 블루베리, 노른자 등이 좋다.

4) 허딩 그룹

(1) 콜리

콜리는 피부병에 걸리기 쉽다. 설사가 잦으며 신경성의 설사인 경우도 있다. 유전적 질환으로는 허리 관절의 형성 이상이 있으며, 드물게 생후 2–3개월경 그레이 콜리 신드롬이 눈에 띈다. 그 밖에 눈병, 심장 질환에도 주의한다.

기능성 식품으로는 양고기, 연어, 에센셜 오일, 가수분해된 연골 등이 좋다.

* 그레이 콜리 신드롬

특정 털색(그레이나 실버)인 콜리의 경우 생후 2-6개월 전후에 발병하는 유전병으로 호중구가 감소하여 감염으로 인해 사망하기도 한다.

5) 스피츠 그룹

(1) 시베리안 허스키, 맬러뮤트

시베리안 허스키와 맬러뮤트는 일반적으로 튼튼하나 여름철의 더위에 약하다. 유전적 질환으로는 고관절 형성 부전이 있으며 드물게 간질 등이 나타난다.

기능성 식품으로는 육고기보다는 흰살 생선, 연어, 청어 등을 추천하고 글루코사민, 연골 등이 좋다.

6) 건도그 그룹

(1) 리트리버

리트리버는 습진이 잦다. 피부병에 걸리면 지방분이 많은 식사는 피한다. 유전적 질환으로는 백내장, 갑상선 기능 저하증, 고관절 형성 부진, 간질 등이 나타난다.

기능성 식품으로는 가금육, 아마씨, 연어, 해바라기 오일 등이 도움 된다.

(2) 코커 스패니얼

코커 스패니얼은 늘어진 귀에 의해 외이염에 걸리기 쉬우므로 귀 청결에 신경 쓰고 귀의 안쪽 털을 짧게 깎아주면 좋다. 유전적 질환으로는 녹내장, 백내장, 체리아이(순막성 비대) 등이 발생한다. 그 밖에 추간판 헤르니아, 알레르기성 피부염, 슬개골 탈구, 갑상선 기능 저하증, 구순농피종 등이 가끔 눈에 띈다.

기능성 식품으로는 허브(에센셜) 오일, 연어, 가금육, 연골 등이 도움 된다.

TIP

반려견 질환별 필요 영양소와 함유식품

질환부위(명)	필요 영양소	함유식품	기타
관절 (고관절 형성 장애, 슬개 탈구)	루테인, 비타민 A, 안토시아닌	블루베리, 케일, 양배추, 껍질콩, 달걀 노른자, 시금치	- 양배추는 익힌다. - 북어, 참치는 염분을 제거한다.
갑상선	칼슘, 인, 비타민 K, 마그네슘	도가니, 달걀 노른자, 북어, 홍화씨, 콩, 참치	
심장		아마씨, 오트밀, 양배추, 브로콜리, 컬리플라워	
암		단호박(주키니), 방울토마토, 양배추	
당뇨		오이, 양배추	

DONATE

제2장
반려동물 먹이에 따른 훈련

제1절 훈련의 필요성

동물이 자연 생태계의 일원으로서만 서식하는 것이 아니라 인간과 집에서 공존하기 위해서는 지켜야 할 규칙에 대해 숙지가 필요하다. 동물이 인간과 같이 생활하는 데 필요한 사항을 익히는 과정을 넓은 의미에서 훈련이라고 할 수 있다.

훈련은 동물이 인간과의 생활에 적합하도록 본능을 길들이는 기술과 길들이는 일련의 과정을 의미한다. 훈련에는 사람에 대한 기본적인 복종훈련과 더 나아가 추적, 인명구조, 안내, 경계 등과 같은 고난도 기술의 습득 과정이 포함된다.

훈련 및 교육의 방침은 단순하고 명쾌한 것이 좋다. 해서 좋은 일과 해서는 안 되는 일을 구분하여, 좋은 일을 하면 칭찬받고 해서는 안 되는 일을 하면 질책받는 것이 명확해야 동물은 사람에게 쉽게 복종할 수 있다.

동물에 대한 훈련의 가장 중요한 기본은 사람과 친밀성을 유지하는 것이다. 동물과의 지속적인 접촉을 통해서 동물의 심리적, 신체적 상태와 특성을 파악하고 이해할 수 있어야 한다.

훈련자가 명랑하고 적극적인 성격을 가져야 동물이 좀 더 쉽게 훈련할 수 있고 풍부한 상호작용이 가능하다. 또한 사물에 열중하는 습성을 기르고, 훈련자의 손이나 눈에 주목하는 습관을 들이는 것이 특히 중요하다.

제2절 기초 복종훈련

개는 본능적으로 무리생활을 하며 리더를 따르고 존중하는 행동을 한다. 집에서의 생활에서는 보호자를 리더로 여기고 행동하는 것이 안전하다. 개의 안전과 보호를 위해서라도 복종훈련은 필요하다.

기초 복종훈련에 있어서 중요한 점은 다음과 같다.

1. 훈련 시기가 어릴수록 효과적이다

성견의 경우 비록 새로운 보호자를 받아들이는 데 어려움을 겪고 많은 시간이 걸릴 수 있으나 보호자가 인내심을 갖고 일관된 행동을 보여준다면 훈련의 성과를 볼 수 있다.

2. 앞서 일어난 실수에 대해 처벌하지 않는다

실수에 대해 벌을 주거나 화를 낸다면 개는 보호자가 화가 났다는 것밖에 이해할 수 없다. 당시 복종적인 행동을 보일 수도 있지만 장기적으로는 오히려 역효과를 보일 수 있다.

3. 훈련은 짧게, 반복한다

훈련 시간은 1-2분이면 충분한 효과를 볼 수 있다. 그 이상 시간이 지나면 개의 집중력은 저하된다. 한 번에 5분 이상 집중하는 것은 힘드나 하루에 여러 번 집중할 수 있다. 성견의 경우는 좀 더 장시간 집중이 가능하다.

4. 훈련은 즐거워야 한다

개가 즐거워하지 않으면 즉시 훈련을 중단하고 기분전환을 시킬 필요가 있다.

식사 직전이 훈련에 가장 이상적인 시간이며, 어린 강아지의 경우 하루에 3-4회 식사하므로 3-4회 훈련할 수 있다. 성견으로 성장 시 식사 횟수가 줄어든다면 아침에 눈 뜬 직후와 배설 직후에 해주면 좋다.

5. 간식 포상은 항상 칭찬과 함께 준다

훈련에 필요한 간식은 시간이 조금 지난 후에 아주 적은 양을 주어야 한다. 만족할 만큼의 간식보다 아주 적은 양을 주는 것이 훈련에 훨씬 효과적이다. 훈련 직후 간식을 주는 것은 개가 무의식적으로 보상을 얻기 위해 훈련을 그만두게 할 수 있으므로 적절한 조절이 필요하다.

6. 일관성 있는 태도의 훈련이 필요하다

2명 이상의 훈련자가 훈련에 참여할 때 혼돈이 생기지 않도록 훈련자 전원이 같은 말과 신호를 사용해야 한다. 여러 마리를 단체 훈련할 때는 한 마리씩 차례차례 훈련시키고, 훈련 포상이나 질책은 다른 개가 듣지 않게 하여야 한다.

7. 서둘러서는 안 된다

훈련이 잘 되지 않을 때 몇 번이나 반복하는 것은 혼란만 가져올 뿐이다. 잘 되지 않으면 일단 과감히 훈련을 중지하고 분위기를 환기시키거나 전문가와 상담하는 등의 방법을 찾아봐야 한다.

제3절 기본 훈련

반려견은 집중력이 짧으므로 훈련 시간은 짧아도 된다. 보통 1회 훈련시간은 10-30분 정도가 적당하고 하루 1-2회씩 식사 전에 실시한다. 주위가 시끄럽거나 개가 한눈 팔 것이 많은 번잡한 장소는 피하고 조용하며 편안한 장소에서 훈련하도록 한다.

훈련은 계속해서 반복하여 실시한다. 반복동작을 하여 하나의 동작으로 완성함으로써 그 행동을 인식시켜야 하고 훈련의 마무리는 함께 놀아주는 것으로 끝을 낸다.

① 와

② 앉아

③ 엎드려

④ 서

⑤ 기다려

⑥ 가져와

⑦ 쉬어

⑧ 먹지 마

제4절 특기 훈련

특기 훈련은 사회화, 복종 및 기본 훈련과는 별개로 견종별로 가질 수 있는 특수한 행동을 훈련하는 것이다. 사람들을 상대로 활동하기 위하여 사람들의 호감을 얻고 귀여움을 받기 위한 특별한 기술이나 재주 혹은 장기를 기르는 것을 말하며, 이 과정을 특기 훈련이라고 한다.

① 차렷

② 돌아

③ 뒤로

④ 악수

⑤ 뛰어

⑥ 넘어

⑦ 누워

⑧ 기어

⑨ 턱

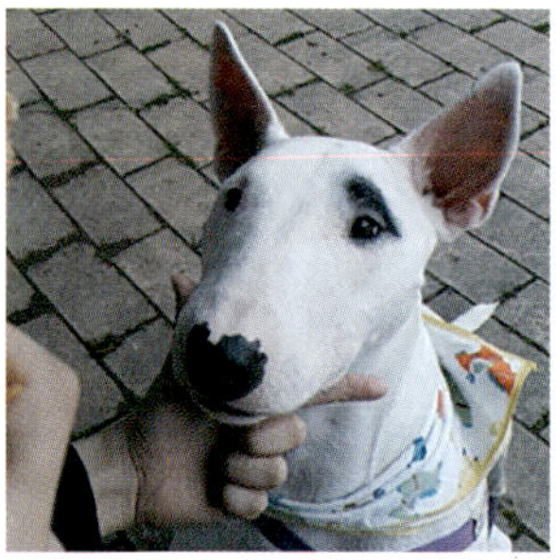

⑩ 코

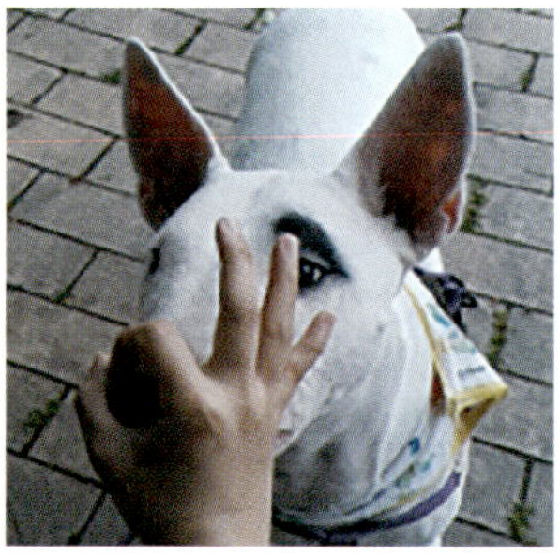

제3장
반려동물 식품학 B

식품 종류에 따라 반려동물에게 미치는 영향을 살펴보면 다음과 같다.

제1절 약이 되는 간식

1. 요거트

요거트는 칼슘, 단백질, 활생균(프로바이오틱스) 등을 풍부하게 함유하고 있다. 게다가 더운 여름에 차가운 요거트나 요거트 아이스크림은 좋은 간식이 된다.

다만 반려견을 위해 설탕이나 인공감미료를 뺀 무가당 요거트로 고른다. 만약 당신의 반려경이 통통하다면, 무지방 요거트가 바람직하다.

'심플리스'나 '올레스트라' 같은 지방 대체제가 들어간 요거트도 피한다.

2. 아마씨

아마씨는 오메가 3 지방산과 섬유소가 풍부해서. 반려견의 피부와 털에 좋다. 지방산은 빠르게 산패하기 때문에 도정하지 않은 아마씨가 더 좋다.

특히 아마씨유는 섬유소 없이 오메가 3 지방산만 농축되어 더 강한 효과를 볼 수 있다. 아마씨나 아마씨유는 불투명한 용기에 밀폐해서 냉장고에 보관하는 것이 좋다.

3. 연어

기름진 연어도 오메가 3의 보고라서, 반려견의 피부와 털 건강에 좋다. 게다가 면역력을 높이고, 알레르기를 개선시키는 효과도 볼 수 있다.

연어나 연어 기름 형태로 먹여도 괜찮다. 다만 연어를 줄 때는 익혀서 줘야 한다. 날것으로 먹이면 기생충을 옮길 위험이 있다.

4. 호박

단호박은 색깔이 선명하고 윤기가 나며, 들었을 때 크기에 비해 무거운 것이 좋으며, 반을 잘랐을 때 과육이 두껍고 진한 황색을 띠는 것이 좋다.

단호박은 100g당 55-70 kcal이며 식이섬유, 단백질, 지질, 비타민 A, 비타민 B군을 다량 함유하고 있어 다이어트, 눈 건강, 면역력 향상, 변비에 효능이 있다. 과다 섭취 시에는 두통, 피로감을 느낄 수 있으므로 급여에 주의한다.

5. 고구마

고구마는 표면이 단단하고, 껍질 색이 선명하며, 잔털이 없으며 상처가 없는 것이 좋다. 고구마는 식이섬유가 많아 변비에 도움을 주고 베타카로틴이 풍부해 각종 암세포 증식을 억제하는 데 도움을 준다.

고구마는 100g당 120-130 kcal이며 고구마를 다양한 간식과 주식에 첨가하여 반려동물의 건강은 물론 성인병 예방에 큰 효과를 얻을 수 있다. 그러나 과다 섭취로 인해 비만 및 신장 결석이 올 수 있으니 급여에 주의한다.

6. 껍질콩(깍지콩)

껍질콩은 식물 섬유소, 비타민 K, 비타민 C, 망간 등의 보고다. 게다가 칼로리가 낮아서 비만 반려동물에게 좋은 다이어트 식품이다.

해외에서는 얼린 껍질콩을 반려견 간식으로 애용한다.

7. 달걀

달걀은 껍질이 거칠고 윤기가 없으며, 비릿하거나 역한 냄새가 나지 않고, 달걀을 깨었을 때 노른자와 흰자가 탱글탱글한 것이 신선하다. 달걀에는 난각 번호가 있는데, 앞 4자리 숫자는 산란일을 표기한 것이며 제일 뒤 1자리의 숫자는 사육환경을 뜻하는데,

1: 유기농, 2: 방사, 3: 축사, 4: 케이지(아파트형)이고, 중간의 5가지 글자는 생산 농장의 고유 번호를 뜻한다. 산란일, 사육환경을 보고 고르는 것이 중요하다.

삶은 달걀 1개는 60-80 kcal이다. 달걀은 필수 아미노산이 풍부한 완전한 식품으로 칼로리가 낮으며 다이어트, 체력 향상, 식욕 증진, 두뇌 활동 및 뇌 건강에 효능이 뛰어나지만, 콜레스테롤이 높으므로 한 번에 많이 급여하지 않도록 주의한다.

8. 맥주 효모

개에게 빵을 구울 때 쓰는 이스트는 해롭지만, 맥주 효모는 이롭다.

개는 맥주를 만들고 남은 효모의 톡 쏘는 맛을 좋아한다. 비타민 B가 풍부해서 피부와 털 그리고 당질 대사에 좋다.

입맛 까다로운 반려견을 모시고 산다면, 밥그릇에 맥주 효모 분말을 살짝 뿌려보길 권한다. 반려견이 밥그릇에 코를 박고 먹는 모습을 볼 수 있다.

9. 사과

사과는 일상에서 쉽게 접하는 좋은 간식이다. 사과를 껍질째 먹으면 식물만 가진 영양소(Phytonutrients), 비타민 A, 비타민 C, 섬유소 등을 섭취할 수 있고, 식물 영양소는 항암효과가 있다.

다만 사과 씨는 시안화물을 함유해 해롭기 때문에, 사과 중심을 제거하고 주는 것이 좋다. 한두 번 먹는다고 해롭진 않지만, 매일 축적되면 위험하다.

10. 오트밀

오트밀은 소화가 잘되는 섬유질을 함유해서 노령견의 관절에 좋다. 또한 밀 알레르기가 있는 개에게 대체 곡물로 오트밀이 좋다.

프로바이오틱스와 함께 먹이면 영양가를 더 높일 수 있다. 익혀서 먹여야 하고, 무가당 제품을 골라야 한다. 사료나 간식에 응용 가능하다.

11. 닭고기

닭고기는 육질에 탄력이 있고 단단하고 윤기가 있으며, 목과 발목이 붉고, 닭 표면이 오돌토돌한 것이 신선하다.

닭고기는 100g당 117 kcal이며 단백질, 인, 칼륨, 비타민 A, 비타민 B1, 비타민 B2, 철, 지질 등을 다량 함유하고 있다. 닭 가슴살은 단백질이 많이 들어 있어 피부, 이빨, 뼈의 성장에 도움 된다. 냉장 보관 시 0–5℃에서 2일, 냉동 보관 시 −18℃ 이하에서 1개월간 보관할 수 있다.

12. 오리고기

오리고기는 지방이 윤기 있고 탄력 있으며 흰 것을 고른다. 오리의 살은 선홍색을 띠는 것이 신선하다.

오리고기는 100g당 130 kcal이며 단백질, 비타민 A, 비타민 B1, 비타민 B2, 비타민 B6, 비타민 C, 엽산, 칼륨 등을 다량 함유해 혈관 질환 예방 및 면역력 강화, 해독 효과가 뛰어나며 모질은 물론 다이어트에도 효과가 있다. 오리고기는 동물성 지방 중에서도 불포화 지방산 함량이 높다. 포화 지방산은 혈중 콜레스테롤을 상승시키지만 불포화 지방산은 혈중 콜레스테롤을 감소시키는 식품이다. 냉장 보관 시 0–5℃에서 2일, 냉동 보관 시 −18℃ 이하에서 1개월간 보관할 수 있다.

13. 소고기

소고기는 살이 밝은 선홍색이며 탄력 있고, 지방이 유백색이고 선명하며 윤기나는 것이 좋다. 질이 좋은 고기는 살코기가 단단하고 미세한 결을 지니며 선홍색의 육색과 마블링이 선명하다. 그런 소고기의 지방은 연하고, 크림 빛 흰색으로 고르게 분포되어 있다.

소고기는 단백질이 풍부하고 지방이 적은 등심, 홍두깨살 같은 부위를 사용하는 것이 좋다. 소고기(등심) 100g당 220 kcal이며 단백질, 아연, 철분, 비타민 등이 다량 함유되어 기력 회복에 도움을 준다. 냉장 보관 시 0–5℃에서 2일, 냉동 보관 시 −18℃ 이하에서 1개월간 보관할 수 있다.

14. 돼지고기

돼지고기는 살이 밝은 분홍색이고 광택이 있으며, 지방이 백색이고 조직이 단단하여 탄력감이 있는 것을 고른다.

돼지고기는 단백질, 미네랄, 비타민 B1, 인, 지질, 칼슘 등이 함유되어 있다. 지방이 적은 안심, 목살 등을 많이 사용한다. 소고기에 비해 불포화 지방산 함량이 2-6배나 높고 돼지의 기름은 몸에서 쉽게 빠져나간다. 부위별, 기름 함량에 따라 칼로리가 다르다. 100g당 220 kcal이며 냉장 보관 시 0-5℃에서 1-2일, 냉동 보관 시 -18℃ 이하에서 15일-1개월간 보관할 수 있다.

15. 건조 멸치

멸치는 투명하고 잡티가 없는 것이 건조가 잘된 것이며, 은빛이 나며 색이 맑은 것이 좋다. 먹었을 때 이물감이 없으며 짜지 않은 것을 선택한다. 누런색을 띠는 것은 급여하지 않는 것이 좋다.

건조 멸치는 100g당 117 kcal이며 칼슘, 단백질, 지질, 철분, 칼륨, 무기질 등이 풍부하여 뼈 건강과 성장 발육에 효과가 있다. 다량의 첨가물인 나트륨을 제거한 후 급여해야 한다.

16. 북어

북어는 속살이 노랗고 크기가 중간인 것이 맛이 좋으며, 부드러운 것이 품질이 좋다.

100g당 280–300 kcal이며 단백질, 지질, 칼슘, 비타민 B군, 칼륨, 아연, 철분, 나이신 등이 다량 함유되어 원기 회복 및 해독작용이 뛰어나며 면역력 강화 및 탈모 예방과 간 건강에 효능이 있다. 나트륨을 다량 함유하고 있으므로 건강을 위해 나트륨을 제거한 후 급여한다.

17. 두부

두부는 여러 가지 영양소가 많이 들어 있는 다이어트 식품이지만, 만들 때 간수를 사용하기 때문에 나트륨을 빼고 급여하는 것이 좋다. 유전자 변형된 대두로 만든 두부도 많이 있으니 급여 때 주의한다.

두부는 100g당 70–90 kcal이며 탄수화물, 칼슘, 단백질, 지방, 당류, 인, 철, 나트륨, 비타민 B1, 비타민 B2 등을 다량 함유하고 있다. 두부는 칼로리가 낮아 다이어트 식품으로 많이 공급한다. 뇌 건강, 뼈 질환에도 큰 효과가 있다.

18. 브로콜리

브로콜리는 봉우리가 다물어져 있고, 색이 선명하며 단단한 것이 좋다.

브로콜리는 100g당 25-30 kcal이며 탄수화물, 식이섬유, 단백질, 비타민, 칼슘, 철분, 마그네슘 등을 다량 함유하고 있다. 미네랄이 많고 항산화 성분이 함유되어 세포 손상을 억제하고, 암을 예방하며, 혈당 조절, 심장 건강 개선, 장 건강, 다이어트 등에 효능이 있다.

19. 당근

당근은 굵고 색이 진하며 매끄럽고 단단한 것이 좋다.

당근은 100g당 35-45 kcal이며 베타카로틴이 풍부하고, 단백질, 무기질, 비타민, 섬유질을 다량 함유하여 눈 건강, 항암, 생리 현상, 다이어트에 효능이 있다. 급여할 경우 껍질을 벗기지 말아야 하는데 베타카로틴이 대부분 껍질에 있기 때문이다. 또한 생으로 급여하기보다는 가열하거나 식물성 유지를 넣어 조리했을 때 베타카로틴 흡수율이 6배 정도 높다. 다만 과다 섭취 시 장 트러블을 일으킬 수 있다.

20. 연근

연근은 굵고 길며 양 끝에 마디가 있는 것이 좋으며, 잘랐을 때 구멍의 크기가 일정한 것이 좋다.

연근은 100당 60~70 kcal이며 전분, 비타민 C, 미네랄, 타닌, 비타민 B12, 식이섬유 등을 다량 함유하여 암 예방, 지혈 효과, 위 건강, 변비 예방, 빈혈 개선 등에 효능이 있다. 과다 섭취 시 복통, 설사가 있을 수 있으므로 급여에 주의한다.

21. 파프리카

파프리카는 색깔이 선명하고 모양이 일정하고 예쁘며, 꼭지가 마르지 않고 흠집이 없고, 표면이 매끄럽고 단단하며 두꺼운 것이 좋다.

파프리카는 100g당 40~50 kcal이며 식이섬유, 비타민 C, 비타민 B군, 비타민 A, 철분 등을 다량 함유하여 당뇨병, 고혈압, 심장병 예방에 도움을 주며 면역력 회복과 다이어트, 임산부 영양 관리에 효능이 있다.

22. 바나나

바나나는 외형에 상처가 없고, 목이 짧고 몸통이 굵으며, 색이 밝고 진한 노란색이 좋다.

바나나는 100g당 70-85 kcal이며 비타민 A, 단백질, 지방, 섬유소, 칼륨, 베타카로틴, 회분 등을 다량 함유하여 소화가 잘되며 고혈압, 동맥경화, 뇌졸중, 심장마비, 심혈관계 질환 예방에 효능이 있다. 다만 많이 섭취하게 되면 변비, 설사 등을 일으키고, 칼륨 과다로 신장에 무리를 줄 수 있다.

23. 블루베리

블루베리는 알이 굵고 갓 수확한 것이 단맛, 신맛의 조화를 이루어 좋다.

블루베리는 100g당 60-80 kcal이며 베타카로틴, 비타민 A, 비타민 B군, 비타민 C, 비타민 E, 칼륨, 칼슘, 엽산, 인 등을 다량 함유하고 있다. 또한 식이섬유가 풍부해 다이어트, 장 건강, 뼈, 관절, 눈 건강에 효능이 있고, 동맥경화, 심장병 예방에 효능이 있다. 블루베리는 찬 성질이라 과다 섭취 시 설사, 복통을 유발할 수 있으니 급여에 주의한다.

24. 우유

우유를 살 때 가장 먼저 봐야 하는 것은 등급인데 1A 등급, 1등급을 구매하는 것이 좋다. 저온 살균이나 고온 살균 중 취향에 맞는 것을 선택한다. 저온 살균은 우유의 원래 성질을 유지시켜 영양소가 거의 파괴되지 않고 생산 시간이 오래 걸린다. 고온 살균은 영양소는 파괴되지만 미생물은 없으며 생산 시간이 짧다.

우유는 100g당 60 kcal이며 단백질, 칼륨, 칼슘, 인, 베타카로틴, 비타민 B 등을 다량 함유하여 성장 발달, 골다공증 및 갱년기 증상 개선, 다이어트에 효능이 있다.

우유를 소화하지 못하는, 즉 유당 분해효소 결핍증(유당 불내증)이 있는 반려동물에게는 소화가 잘되는 락토 프리 우유를 급여하는 것이 좋다.

25. 올리브유

올리브유는 엑스트라 버진, 버진, 퓨어, 포마스 순으로 등급이 정해진다. 제일 좋은 올리브유는 엑스트라 버진으로 갓 수확한 올리브 열매를 압착하여 만든 것이고, 퓨어는 버진 올리브유와 정제된 올리브유를 혼합한 것으로 올리브유를 가열해서 사용하는 것이 특징이다.

올리브유는 100g당 750-830 kcal이며 오메가 6, 비타민 K, 비타민 E, 불포화 지방산 등을 다량 함유하고 있다. 항산화 효과가 있어 좋은 지방 공급원이지만 열량이 높아 비만 반려동물에게는 급여에 주의한다.

제 2 절 먹이에 대한 역반응

먹이에 대한 역반응이란 식품이나 식품 첨가제에 대해 임상적으로 비정상적인 반응을 나타내는 것이다. 식품 알레르기는 다른 피부 질환과 유사하게 나타나기 때문에 명확하게 진단하기 어렵다.

동물의 식품 알레르기는 식품에 함유된 단백질이 원인이다. 쌀, 달걀, 또는 흰색 생선 같은 양질의 단백질로 만든 반려동물 식품은 음식 알레르기를 제거하고 피부를 말끔히 해주는 데 도움 된다.

1. 식품 역반응의 원인 및 증상

1) 구토, 설사, 가려움 및 피부염증

개의 피부에 나타나는 병변은 흔히 얼굴, 다리, 귀에 생긴다.

2) 알레르기성 피부염

알레르기성 피부염의 증상은 얼굴과 귀를 자주 긁거나 비비는 것과 함께 가려움증과 탈모증이 포함된다. 귀, 발, 다리, 사타구니를 핥거나 긁으므로 지속적으로 상처가 생겨 종종 만성 감염 등 2차적으로 세균이나 곰팡이에 감염된다.

식품 알레르기의 대부분은 원인이 밝혀져 있다. 일반적인 원인은 보리, 닭고기, 유제품, 돼지고기 등의 섭취이다.

3) 위장염

위와 장에 염증이 생긴 상태로서 설사, 탈수증, 복부 민감증, 구토, 혈변, 점액변 등의 증상을 나타낸다. 소화기 단독의 문제로 인해 일어나는 탈수증, 복부 민감증이 있으나, 대부분 다른 장기나 정신적인 상태 또는 전염병 등에 관련되어 나타난다.

원인으로는 썩거나 상한 음식, 독성 물질, 등뼈, 플라스틱, 이물질 등의 섭취, 구충 같은 기생충, 스트레스, 식품에 의한 알레르기 과민반응 등이 있다.

2. 식품 역반응의 치료

음식물이 항원으로 밝혀졌을 때의 가장 좋은 예방법은 회피요법이다. 식품, 특히 단백질이 원인이므로 알레르기의 원인인 단백질원을 피해야 한다.

단백질 식품을 권하는 경우 소화가 용이한 단백질 및 탄수화물 재료가 함유된다.

흰살 생선 및 쌀 제품

양고기와 쌀 제품

쌀 및 달걀 제품

쌀 및 오리고기 제품

쌀 및 연어 제품

3. 영양관리 방법

처방식 사료의 섭취(약 6주에서 12주) 또는 먹이를 바꿀 때는 적절한 절차를 거치는 것이 중요하다. 4일 이상의 기간 동안 처방식 식품을 종전의 먹이와 섞어서 주고, 기호성이 좋지 않을 경우 처음 며칠간은 손으로 먹여준다.

사람의 음식, 비타민, 장난감, 미네랄 보조 식품 등을 비롯해 개 먹이용이 아닌 다른 동물의 먹이 또는 배설물 접촉 등 식품 알레르기의 원인이 될 수 있는 모든 물질은 피해야 한다.

제4장
반려동물 수제간식 B

제1절 1급 과정 레시피 8가지

1. 멍멍 그린 스무디
2. 멍멍 캐러멜 마키아토
3. 우엉 더치 라테
4. 비타민 오리 쿠키
5. 고구마 치즈 샌드 쿠키
6. 고구마 볼
7. 연어 마들렌
8. 치킨 무스 케이크

1. 멍멍 그린 스무디

재료	케일 8장(손바닥 크기), 바나나 1개, 사과 1개, 얼음 3조각(겨울에는 제외), 물 120g, 식초(세척용) 약간
조리 순서	
1. 사과를 식초물에 담가둔다. 2. 케일, 사과를 깨끗이 씻어 물기를 제거한다. 3. 케일, 사과, 바나나를 적당한 크기로 잘라서 블렌더에 담는다. 4. 물과 얼음을 넣고 블렌더로 간다.	
요구사항	* 완성된 멍멍 그린 스무디를 주어진 잔에 채워 제출하시오.
유의사항	* 사과 씨를 빼는 데 유의하시오.
TIP	* 휴먼 간식: 레몬즙 1Ts, 꿀 1Ts를 넣고 간다.

상세 조리 순서

① 모든 재료를 계량한다.

② 사과를 식초물에 담가놓고 케일을 깨끗이 씻어 자른다.

③ 사과는 씨를 제거하고 썰고, 바나나를 썬다.

④ 모든 재료를 블렌더에 넣고 물을 넣는다.

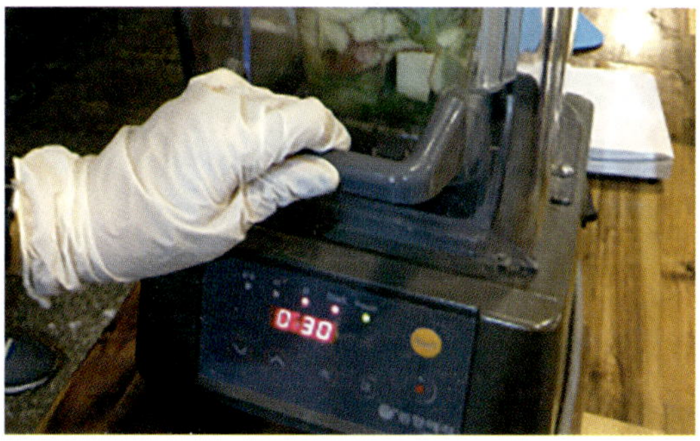

⑤ 블렌더를 작동시켜 간다.

⑥ 유리잔에 담아 제출한다.

2. 멍멍 캐러멜 마키아토

재료	락토 프리 우유 180g, 캐롭 파우더 5g, 꿀 20g
조리 순서	
1. 캐롭 파우더 5g에 꿀 20g을 넣고 섞어 캐러멜 소스를 만든다. 2. 락토 프리 우유에 캐러멜 소스 20g을 넣고 섞는다. 3. 우유를 냄비에 담아 약한 불에 올리고 핸드 거품기로 거품을 낸다. 4. 냄비의 우유와 거품을 분리한다. 5. 2.에 데운 우유를 섞어서 머그잔에 80% 담는다. 6. 분리해둔 우유 거품을 가득 올린다. 7. 남은 캐러멜 소스 5g을 짤주머니에 넣어 장식한다.	
요구사항	* 완성된 멍멍 캐러멜 마키아토를 주어진 잔에 채워 제출하시오.
유의사항	* 우유 거품 올리는 것에 유의하시오.
TIP	* 아이스로 먹을 시 데운 우유 대신 시원한 우유를 넣는다.

상세 조리 순서

① 모든 재료를 계량한다.

② 꿀 20g에 캐롭 파우더 5g을 넣고 섞는다.

③ 우유를 냄비에 넣어 약한 불에 올리고 핸드 믹서로 빠르게 젓는다.

④ 냄비를 살짝 기울여서 거품을 풍성하게 친다.

⑤ 거품은 다른 그릇에 덜어놓는다.

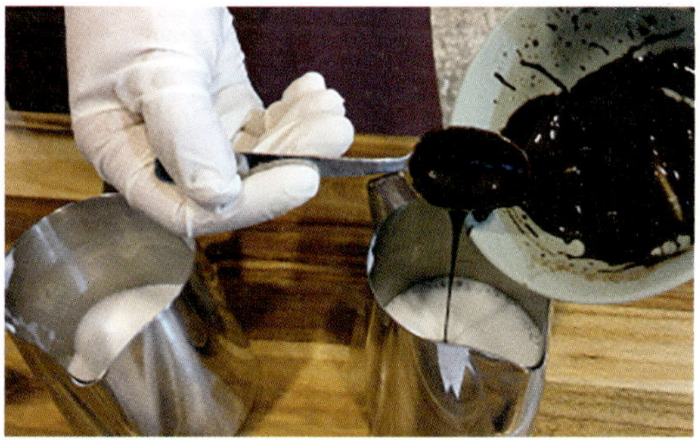

⑥ 우유를 그릇에 덜어 ②의 캐러멜 소스 20g을 섞는다.

⑦ 골고루 잘 섞은 후 머그잔에 붓는다.

⑧ 스푼으로 머그잔에 우유 거품을 올린다.

⑨ 남은 5g을 짤주머니에 넣는다.

⑩ 짤주머니로 거품 위를 장식한다.

⑪ 모양을 그린 후 완성해 제출한다.

3. 우엉 더치 라테

재료	캐롭 파우더 5g, 락토 프리 우유 180g, 우엉 5g(덖은 것), 찬물 20g
조리 순서	
1. 덖은 우엉 5g에 찬물을 20g을 넣어 5분간 우린다. 2. 캐롭 파우더를 1.에 섞는다. 3. 락토 프리 우유에 2.를 넣어 섞는다. 4. 라테 잔에 3.을 90% 담는다.	
요구사항	* 완성된 우엉 더치 라테를 주어진 잔에 채워 제출하시오.
유의사항	* 덖은 우엉을 우리는 시간에 유의하시오.
TIP	

상세 조리 순서

① 모든 재료를 계량한다.

② 우엉 덖은 것 5개에 찬물을 20g을 넣어 5분간 우린다.

③ 5분 후 우엉을 건져내고, 캐롭 파우더를 섞는다.

④ 섞은 것을 우유에 혼합한다.

⑤ 라테 잔에 담아 제출한다.

4. 비타민 오리 쿠키

재료	다진 오리 고기 60g, 박력 쌀가루 100g, 달걀 노른자 2개, 올리브유 2Ts, 락토 프리 우유 20g, 달걀물(달걀 노른자 1개, 물 1Ts)
조리 순서	
1. 쌀가루는 체에 내려 볼에 달걀을 넣고 섞는다. 2. 올리브유를 넣어 섞은 다음 손 반죽을 한다. 3. 덧가루를 사용하여 밀대로 0.5cm로 밀어 펴기를 한다. 4. 넓이 2.5cm × 길이 4cm로 반죽을 잘라 오븐 트레이에 올린다. 5. 포크로 반죽에 2-3번 구멍을 낸다. 6. 달걀 노른자, 물을 섞어 반죽 위에 바른다. 7. 170℃ 예열된 오븐에 15-20분 굽는다.	
요구사항	* 완성된 비타민 오리 쿠키를 14개 제출하시오.
유의사항	* 소량의 덧가루를 사용하시오. * 반죽이 너무 무르지 않도록 유의하시오.
TIP	* 반죽이 무를 경우 덧가루를 사용하여 주물러 만든다. * 오븐 스프링 현상을 막기 위해 반죽에 포크로 구멍을 낸다. * 쿠키는 요구 개수보다 조금 더 만들어 제대로 나온 제품만 제출한다. * 중간에 철판을 돌려서 구우면 색이 골고루 잘 나온다.

상세 조리 순서

① 모든 재료를 계량한다.

② 쌀가루는 체에 내려 볼에 달걀을 넣고 섞는다.

③ 올리브유를 넣어 섞은 다음 손 반죽을 한 뒤 냉동에서 10분 휴지한다.

④ 덧가루를 사용하여 밀대로 0.5cm로 밀어 펴기 한다.

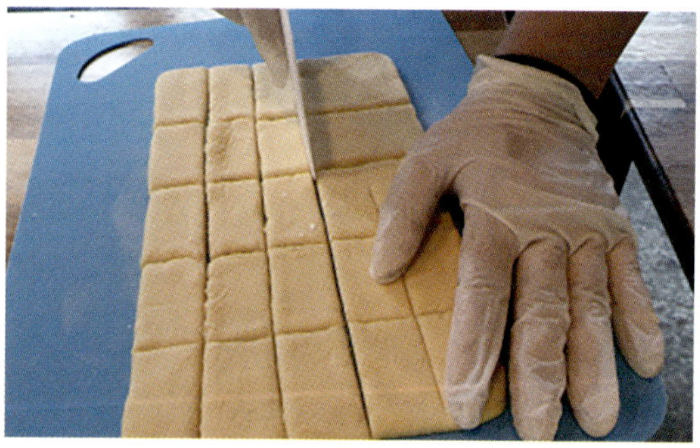

⑤ 넓이 2.5cm × 길이 4cm로 반죽을 잘라 오븐 트레이에 올린다.

⑥ 포크로 반죽에 2-3번 구멍을 낸 후 달걀 노른자에 물을 섞어 반죽 위에 바른다.

⑦ 170℃ 예열된 오븐에 15-20분 굽는다.

⑧ 완성된 쿠키를 접시에 담아 제출한다.

5. 고구마 치즈 샌드 쿠키

재료	쌀가루 50g, 고구마 30g, 달걀 노른자 1개, 올리브유 1Ts, 치즈 스프레드(삶은 고구마 20g, 리코타 치즈 우유 180ml, 식초1Ts)

조리 순서

1. 락토 프리 우유를 냄비에 넣고 우유 가장자리에서 거품이 몽글몽글 올라올 때 불을 끄고 식초 1Ts를 넣어 저은 후 체에 밭쳐 물기를 뺀다.
2. 고구마는 껍질을 벗겨 사방 2cm로 썬 다음 삶아 으깨어 준비한다.
3. 볼에 달걀을 풀고 쌀가루를 체에 내려 섞는다.
4. 삶은 고구마 1/2을 3.에 섞는다.
5. 냉동실에서 30분 휴지한다.
6. 밀대로 0.3m로 민 다음 쿠키 틀로 찍어서 오븐 트레이에 올려준다.
7. 쿠키 표면에 올리브유를 바른다.
8. 170℃ 예열된 오븐에 15분 구워 완성한다.
9. 남은 삶은 고구마와 1.을 섞어 치즈 스프레드를 만든다.
10. 구운 쿠키에 치즈 스프레드를 바른 뒤 쿠키를 샌드 하여 완성한다.

요구사항	* 완성된 고구마 치즈 샌드 쿠키를 5개 제출하시오.
유의사항	* 리코타 치즈 완성에 유의하시오. * 샌드 쿠키 1개 완성 시 2개의 쿠키가 필요한 점에 유의하시오.
TIP	* 쿠키는 요구 개수보다 조금 더 만들어 제대로 나온 제품만 제출한다.

상세 조리 순서

① 모든 재료를 계량한다.

② 우유 가장자리에서 거품이 몽글몽글 올라올 때 식초 1Ts를 넣고 젓는다.

③ 저은 후 체에 밭쳐 물기를 뺀다.

④ 고구마는 껍질을 벗겨 사방 2cm로 썬 다음 삶아 으깨어 준비한다.

⑤ 볼에 달걀을 풀고 쌀가루를 체에 내려 섞는다.

⑥ 삶은 고구마 1/2을 섞고 한 덩어리로 뭉쳐서 냉동실에서 30분 휴지한다.

⑦ 밀대로 0.3m로 민다.

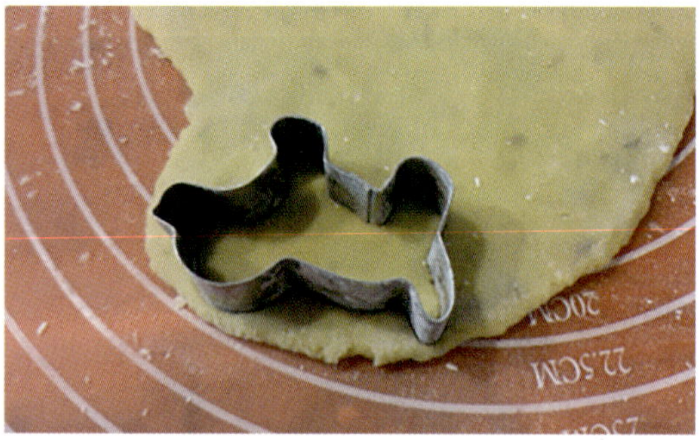

⑧ 쿠키 틀로 찍어서 오븐 트레이에 올린다.

⑨ 쿠키 표면에 올리브유를 바른 다음 170℃ 예열된 오븐에 15분 구워 완성한다.

⑩ 남은 삶은 고구마와 치즈를 섞어 치즈 스프레드를 만들어 구운 쿠키에 바른 뒤 샌드 한다.

⑪ 완성된 샌드를 접시에 담아 제출한다.

6. 고구마 볼

재료	고구마 100g, 락토 프리 우유 200ml, 식초 1Ts, 파슬리 1/2ts, 캐롭 파우더 10g, 코코넛채 10g, 아마씨 10g
조리 순서	
1. 락토 프리 우유를 냄비에 넣고 우유 가장자리에서 거품이 몽글몽글 올라올 때 불을 끄고 식초 1Ts를 넣어 저은 후 체에 밭쳐 물기를 뺀다. 2. 고구마는 껍질을 벗겨 사방 2cm로 썬 다음 삶아 으깨어 볼에 넣어둔다. 3. 파슬리, 캐롭 파우더를 2.에 넣고 섞는다. 4. 1.의 리코타 치즈를 3.에 넣고 고루 섞는다. 5. 반죽을 15g씩 분할하여 둥글게 빚는다. 6. 코코넛채와 아마씨 가루를 각각 묻혀준다.	
요구사항	* 완성된 고구마 볼을 10개 제출하시오.
유의사항	* 반죽 농도에 유의하시오.
TIP	* 완성된 고구마 볼을 6시간 건조하면 고구마 껌이 완성된다.

상세 조리 순서

① 모든 재료를 계량한다.

② 고구마는 껍질을 벗긴 후 가로세로 3cm 정도가 되도록 자른 후 물에 삶는다.

③ 락토 프리 우유를 냄비에 넣고 우유 가장자리 부분에서 거품이 몽글몽글 올라올 때 불을 끄고 식초 한 큰술을 넣어 젓는다.

④ 만들어진 치즈를 고운 체에 밭쳐 물기를 뺀다.

⑤ 고구마는 물에서 건져 으깨어 준비한다.

⑥ 리코타 치즈와 파슬리를 넣고 섞는다.

⑦ 캐롭 파우더를 골고루 섞는다.

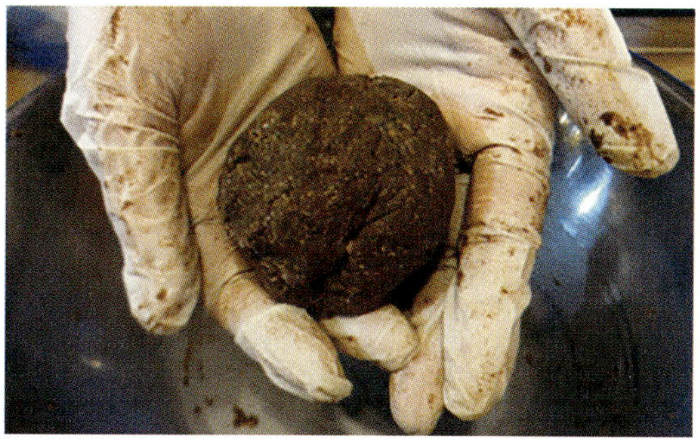

⑧ 골고루 섞어 한 덩어리로 뭉친다.

⑨ 재료를 15g씩 분할하여 동그랗게 빚는다.

⑩ 코코넛채와 아마씨를 토핑 한 다음 접시에 담아 제출한다.

7. 연어 마들렌

재료	연어 80g, 달걀 노른자 1개, 당근 20g, 브로콜리 20g, 박력 쌀가루 50g, 카놀라유 2Ts, 물 40g
조리 순서	
1. 볼에 카놀라유, 달걀 노른자를 넣고 거품기로 섞는다. 2. 당근, 브로콜리, 연어, 물을 블렌더에 넣고 갈아 1.에 넣고 섞는다. 3. 박력 쌀가루를 체에 내려 2.에 넣고 반죽한다. 4. 마들렌 틀에 카놀라유를 바른다. 5. 짤주머니에 반죽을 붓는다. 6. 반죽을 마들렌 틀에 80% 채운 후 180℃ 예열한 오븐에 15분간 굽는다.	
요구사항	* 완성된 마들렌을 10개 제출하시오.
유의사항	* 반죽이 너무 무를 경우 굽는 시간이 더 걸리므로 이 점에 유의하시오. * 반죽을 전량 사용하고, 재료 손실에 유의하시오.
TIP	* 피로 회복에 좋으며 간 기능을 좋게 만드는 음식이다. * 가정에서는 핫케이크처럼 프라이팬에 구워도 된다.

상세 조리 순서

① 모든 재료를 계량한다.

② 당근, 브로콜리, 연어, 물을 믹서기에 넣고 간다.

③ 볼에 카놀라유, 달걀 노른자를 넣고 거품기로 섞은 다음 갈아놓은 재료를 넣고 섞는다.

④ 박력 쌀가루를 체에 내려 반죽한다.

⑤ 골고루 섞어준다.

⑥ 반죽을 짤주머니에 담는다.

⑦ 마들렌 틀에 카놀라유를 바른다.

⑧ 반죽을 마들렌 틀에 80% 채운다.

⑨ 180℃ 예열한 오븐에 15분간 굽는다.

⑩ 완성된 마들렌을 접시에 담아 제출한다.

8. 치킨 무스 케이크

재료	닭 안심(다짐육) 50g, 소간 파우더 2g, 당근 10g, 한천(젤라틴) 4g, 블루베리 가루 5g, 락토 프리 우유 100g, 꿀 20g
조리 순서	
1. 오븐 트레이에 유산지를 깔고 무스 틀(높이 4.5cm x 크기 6cm)을 올려놓는다. 2. 다진 당근, 닭 안심, 소간 파우더를 고루 섞어 무스 틀에 평평하게 넣는다. 3. 180℃ 예열된 오븐에 10분간 굽는다. 4. 락토 프리 우유를 냄비에 넣고 살짝 데운다. 5. 우유가 미지근한 상태에서 한천(젤라틴)을 넣고 뭉치지 않도록 잘 젓는다. 6. 블루베리 가루에 꿀을 섞은 후 4.에 넣어 고루 섞는다. 7. 오븐에서 구운 닭 안심을 한 김 식힌 후 6.의 무스를 붓는다. 8. 무스 틀을 접시 위에 올리고 랩을 씌워 냉장고에서 20분 굳힌다. 9. 무스 틀, 유산지를 제거한다.	
요구사항	* 완성된 치킨 무스 케이크를 1개 제출하시오.
유의사항	* 무스 틀과 유산지 제거 시 유의하시오.
TIP	* 냉장고에서 식힐 경우 위에 랩을 씌워서 식힌다.

상세 조리 순서

① 모든 재료를 계량한다.

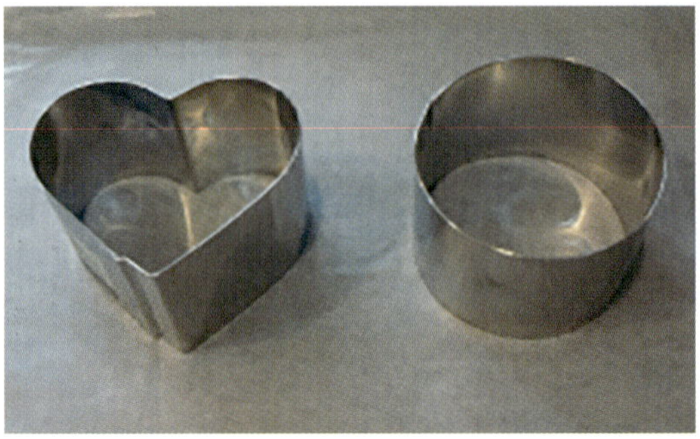

② 오븐 트레이에 유산지를 깔고 무스 틀(높이 4.5cm x 크기 6cm)을 올려놓는다.

③ 닭 안심, 소간 파우더, 당근을 고루 섞는다.

④ 무스 틀에 평평하게 넣은 다음 180℃ 예열된 오븐에 10분간 굽는다.

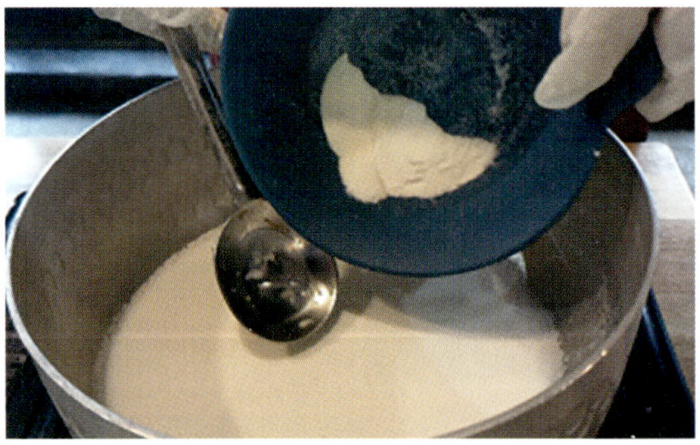

⑤ 우유를 냄비에 넣고 살짝 데운 후 우유가 미지근한 상태에서 한천(젤라틴)을 넣고 뭉치지 않도록 잘 젓는다.

⑥ 블루베리 가루에 꿀을 섞은 것을 넣고 고루 섞는다.

⑦ 오븐에서 구운 닭 안심을 한 김 식힌 후 무스를 붓는다.

⑧ 무스 틀을 접시 위에 올리고 랩을 씌워 냉장고에서 20분 굳힌다.

⑨ 무스 틀, 유산지를 제거한 후 접시에 담아 낸다.

제2절 보너스 레시피 9가지

1. 단호박 초코 라테

재료	단호박 무스 30g, 락토 프리 우유 120g, 캐롭 파우더 3g, 장식용 단호박 5g(4cm 길이 1조각)
조리 순서	
1. 단호박을 깨끗이 씻어 8등분 한 다음 끓는 물에 삶는다. 2. 단호박 100g에 락토 프리 우유 20g을 섞어 무스 형태로 만들어 놓는다(단호박 수분 함량에 따라서 우유 양을 조절한다). 3. 냄비에 우유 100g을 붓고 약한 불에 끓이며 핸드 믹서로 스팀을 친다. 4. 그릇에 데운 우유와 거품을 분리해서 둔다. 5. 데운 우유에 단호박 무스를 잘 풀어 섞어 라테 잔에 담는다. 6. 분리해둔 우유 거품을 위에 얹는다. 7. 거품 위에 캐롭 파우더를 체에 내려 가득 채워준다. 8. 단호박을 컵 테두리에 꽂아 장식한다.	
유의사항	* 우유 데울 때 온도가 너무 뜨겁지 않게 유의하시오.
TIP	* 휴먼 간식: 초코 시럽을 30g 넣어 섞는다.

2. 초코 단호박 타르트

재료	쌀가루 50g, 통밀가루 50g, 캐롭 파우더 20g, 달걀 노른자 2개, 올리브유 30g, 락토 프리 우유 200g, 단호박 120g(토핑용 100g, 장식용 20g)

조리 순서

1. 락토 프리 우유를 끓여서 식초를 넣고 리코타 치즈를 만들어둔다.
2. 단호박을 깨끗이 씻어 토핑용과 장식용(4cm 12개)을 구별하여 작업해 놓는다.
3. 200℃ 예열된 오븐에 20-25분 굽는다.
4. 구운 토핑용 단호박 100g에 우유 20g을 섞어 무스 형태로 만든다.
5. 쌀가루와 통밀가루, 캐롭 파우더를 체에 내려 노른자 2개, 올리브유를 넣고 반죽한다(반죽 농도에 따라 우유로 되기를 조절한다).
6. 반죽을 냉장실에 넣어 30분 휴지한다.
7. 숙성된 반죽을 타르트 팬에 펴서 포크로 구멍 낸 다음 오븐 트레이에 패닝 한다.
8. 180℃ 예열된 오븐에 30분 굽는다.
9. 타르트가 구워지면 토핑물을 짤주머니에 넣어 토핑 한 후 다시 180℃ 예열된 오븐에 20분 굽는다.
10. 장식용 단호박을 장식한다.

유의사항	* 눋지 않게 유의하시오.
TIP	* 휴먼 간식: 반죽에 소금 조금, 설탕 10g 추가해서 반죽하고 무스를 만들 때 생크림과 설탕을 섞어 만든다. * 코티지(리코타) 치즈는 락토 프리 우유를 1L 끓여 식초를 3T(45g) 넣고 단백질이 분리되면 체나 면보에 걸러 물기를 제거한다. 완성 시 100g 정도 생산된다.

3. 돼지 안심 사과 퓌레

재료	돼지 안심 70g, 양배추 30g, 사과 15g, 브로콜리 15g, 당근 15g, 물 100g, 한천 가루 1g
조리 순서	
1. 한천 가루에 물을 넣고 섞어 불려놓는다. 2. 유리병을 끓는 물에 소독한다. 3. 돼지고기를 깨끗이 씻은 후 사방 0.5cm로 다져서 팬에 볶아놓는다. 4. 당근, 사과, 양배추. 브로콜리는 씻어 사방 0.5cm로 썬 다음 팬에 살짝 익힌 후 한천 물을 넣고 끓기 시작하면 돼지 안심을 넣고 끓인다. 5. 유리병이 따뜻할 때 완성된 퓌레를 바로 병입한다(진공 상태 유지를 위하여). 6. 냉장고나 냉동고에 보관한다.	
유의사항	
TIP	* 소간 파우더나 황태 파우더를 넣어도 좋다(각 1ts씩). * 퓌레의 농도는 한천 가루로 조절한다. * 많은 수분을 원할 경우 물을 넉넉히 넣어준다. *병 소독법 1. 병을 깨끗이 씻어 준비한다. 2. 냄비에 물을 넣고 유리병을 넣은 다음 15분간 끓인다. 3. 뚜껑은 꺼내기 5분 전에 넣고 끓인다.

4. 두부 황태죽

재료	두부 150g, 황태 파우더 3Ts, 당근 10g, 브로콜리 30g, 찬밥 100g, 물 230-250g
조리 순서	
1. 두부는 사방 1cm 크기로 썰어서 끓는 물에 10분 삶는다. 2. 삶은 두부는 체에 밭쳐 수분을 뺀다. 3. 당근, 두부, 브로콜리는 곱게 다져놓는다. 4. 냄비에 물, 찬밥을 섞은 다음 황태 파우더를 섞고 난 후 2., 3.을 넣고 끓인다. 5. 끓기 시작하면 약한 불에서 10-15분 끓여 완성한다.	
유의사항	* 눋지 않게 유의하시오.
TIP	* 야채를 끓는 물에 살짝 데쳐서 사용해도 된다. * 보양식으로 만들고 싶다면 소고기, 오리, 연어를 넣고 만든다.

5. 삼색 북어 보푸라기

재료	북어포 60g, 캐롭 파우더 1ts, 당근 가루 1ts, 시금치 가루 1ts, 올리브유 6Ts
조리 순서	
1. 북어포를 물에 담가 염분을 제거한다. * 최소한 3시간 담가 염분을 제거하고 수시로 물을 간다. 2. 염분이 제거된 북어는 수분 제거 후 건조시킨다. * 70-80℃ 건조기에서 8시간 이상 건조시킨다. 3. 잘 건조된 북어를 블렌더에 간다. 4. 3.의 북어 20g과 캐롭 파우더 1ts, 올리브유 2Ts를 넣고 손으로 조물조물 버무린다. * 뭉치는 것이 아니라 흩날리듯이 5. 남은 북어에 각각 당근 가루 1ts, 시금치 가루 1ts를 넣고 4.와 같이 만든다. 6. 완성된 삼색 북어 보푸라기를 그릇에 담아준다.	
유의사항	* 북어의 가시 제거에 유의하시오.
TIP	* 캐롭 파우더는 소간 파우더 1ts로 대체 가능하다. * 휴먼 간식: 약간의 설탕이나 소금을 첨가하여 북어 보푸라기 주먹밥을 만든다. * 천연 색은 기름이나 물이 들어가면 변색에 유의하여야 한다.

6. 아마 연어 머핀

재료	연어 80g, 다진 닭 가슴살 200g, 리코타 치즈 50g, 식초 1-2Ts, 달걀 노른자 2개, 아마씨 1ts, 쌀가루 30g, 올리브유 1Ts

조리 순서

1. 연어를 깨끗이 씻어 잠길 정도의 물에 식초 1-2Ts을 넣어 담가둔다.
2. 소독한 연어는 물기를 제거하고 큐브 모양으로 썰어둔다.
   * 냉동 연어는 큐브 모양으로 썰면 부스러질 수 있으므로 반죽할 때 유의한다.
3. 다진 닭 가슴살과 연어를 섞는다.
4. 3.에 쌀가루, 달걀, 올리브유를 넣고 잘 섞는다.
5. 4.를 머핀 틀에 80% 정도 채운 뒤 리코타 치즈와 아마씨를 얹어 토핑 한다.
6. 170℃ 예열된 오븐에 20-25분 굽는다.

TIP	* 닭 가슴살은 닭 안심 또는 오리 안심, 가슴살로 대체 가능하다. * 달걀 노른자 물을 한 번 더 바른 뒤 5분 정도 구우면 더욱더 진하고 윤기 있는 머핀을 완성할 수 있다. * 연어 비린내 제거 연어를 씻은 뒤 우유에 1시간 정도 담그는데 부위에 따라 다르다. 연어를 우유에 오래 담가두면 육즙이 빠져나가기 때문에 30분을 넘기지 않게 유의한다.

7. 소고기 단호박 볼

재료	다진 소고기 100g, 달걀 노른자 1개, 찐 단호박 60g, 당근 20g, 아마씨 분말 10g, 박력 쌀가루 40g
조리 순서	
1. 단호박을 쪄서 껍질을 제거한 후 볼에 넣고 으깬다. 2. 당근은 곱게 다져 1.에 넣고 달걀과 함께 섞는다. 3. 소고기를 갈아 2.에 넣고 고루 섞는다. 4. 분량의 박력 쌀가루를 체에 내려 3.에 넣고 반죽한다(쌀가루로 반죽 농도를 조절한다). 5. 15g씩 분할하여 지름 3cm의 볼을 만든다. 6. 180℃ 예열한 오븐에 25분 굽는다.	
유의사항	* 달걀의 크기에 따라 노른자 크기가 다르므로 이 점에 유의하시오.
TIP	* 오븐마다 차이가 있으니 제품의 색을 보고 완성하는 것이 용이하다.

8. 황태 흑임자 마들렌

재료	황태 파우더 20g, 흑임자 10g, 박력 쌀가루 100g, 달걀 노른자 3개, 오일 2Ts(오일 1Ts은 마들렌 틀에 사용), 락토 프리 우유 80g

조리 순서

1. 마들렌 틀에 오일 1Ts을 바른다.
2. 박력 쌀가루를 체에 내린다.
3. 볼에 달걀 노른자를 넣고 거품기로 푼 다음 오일 1Ts을 넣고 섞는다.
4. 락토 프리 우유를 2.에 넣고 섞는다.
5. 분량의 흑임자, 황태 파우더, 박력 쌀가루를 3.에 넣고 거품기로 섞어 반죽을 완성한다.
6. 완성된 반죽을 짤주머니에 넣은 다음 마들렌 틀을 80% 채운다.
7. 180℃ 예열된 오븐에 20분간 굽는다.

유의사항	* 반죽이 너무 무를 경우 굽는 시간이 더 걸리므로 이 점에 유의하시오. * 반죽을 전량 사용하고, 재료 손실에 유의하시오.
TIP	* 피로 회복에 좋으며 간 기능을 좋게 만드는 음식이다. * 가정에서는 핫케이크처럼 프라이팬에 구워도 된다.

9. 보양 만두(창작요리)

재료	다진 오리고기 30g, 통밀가루 65g, 양배추 가루 5g, 올리브유 1Ts, 물 3T
조리 순서	
1. 믹싱 볼에 통밀가루와 양배추 가루, 물을 넣고 반죽한다. 2. 비닐에 담아 상온에서 10분 휴지한다. 3. 반죽을 10g씩 분할한다. 4. 오리고기를 반죽에 넣어 만두를 빚는다. 5. 끓는 물에 만두를 넣고 끓인다(물은 만두가 잠길 정도). 6. 만두가 물 위로 동동 뜨면 1분 더 끓인 후 불을 끄고 접시에 담는다. 7. 만두에 올리브유 1Ts을 붓고 굴린다.	
유의사항	* 반죽의 농도에 유의하시오.
TIP	* 오리고기는 돼지, 소, 닭고기로 대체 가능하다. * 만두가 떠오르면 뜸을 들일 1분 이상의 시간이 필요하다. 뜸을 제대로 들이지 않으면 만두가 설익는다.

제5장
1급 기출문제

1급 단답형, 서술형 10문항

1. 반려견 특성에 따른 그룹을 적으시오. (최소 7가지 이상)

2. 반려견 토이 그룹에 대한 특징을 서술하시오.

3. 반려견 질환별 필요 영양소와 함유식품에서 관절(고관절 형성 장애, 슬개 탈구)에 필요한 영양소 3가지를 적으시오.

4. 위(루테인, 비타민 A, 안토시아닌)의 영양소를 함유한 식품을 나열하시오.

5. 반려견 식품에 대한 역반응 치료에 대해 상세히 서술하시오.

***그룹에 대한 설명으로 올바르게 짝지으시오.**

6. 허딩 그룹 •	• 동물 사냥을 하던 종 •	• 그레이 하운드, 미니어처 닥스훈트, 바셋 하운드, 보르조이, 블러드 하운드, 비글, 아프칸 하운드
7. 테리어 그룹 •	• 양치는 일을 돕는 종 •	• 미니어처 슈나우저, 베들링턴 테리어, 불 테리어, 스코티시 테리어, 웨스트 하이랜드 화이트 테리어, 잭 러셀 테리어, 케인 테리어, 폭스 테리어
8. 하운드 그룹 •	• 해로운 짐승을 막거나 작은 동물을 사냥하던 종 •	• 보더 콜리, 비어디드 콜리, 셰틀랜드 시프도그, 올드 잉글리시 시프도그, 웰시 코기 펨브로크, 저먼 셰퍼드, 코몬도르, 콜리

9. 퍼그에 대한 유전적 질환에 대해 서술하시오.

10. 몰티즈에 대한 유전적인 질환에 대해 서술하시오.

정답

1. 토이 그룹, 테리어 그룹, 하운드 그룹, 허딩 그룹, 스피츠 그룹, 건도그 그룹, 워킹 그룹, 컴패니언 그룹

2. 작고 귀여워서 애완용으로 많이 기르는 종으로서 몰티즈, 미니어처 핀셔, 비숑 프리제, 요크셔 테리어, 저패니즈 친, 치와와 등이 있다.

3. 루테인, 비타민 A, 안토시아닌

4. 호박, 달걀, 블루베리, 당근, 고구마

5. 항원이 음식물로 밝혀졌을 때의 가장 좋은 예방법은 회피요법이다. 식품 중 단백질이 원인이므로 알레르기의 원인인 단백질원을 피해야 하고, 단백질 식품을 원하는 경우 소화가 용이한 단백질 및 탄수화물 재료를 사용한다.

6. 양치는 일을 돕는 종. 보더 콜리, 비어디드 콜리, 셰틀랜드 시프도그, 올드 잉글리시 시프도그, 웰시 코기 펨브로크, 저먼 셰퍼드, 코몬도르, 콜리

7. 해로운 짐승을 막거나 작은 동물을 사냥하던 종. 미니어처 슈나우저, 베들링턴 테리어, 불 테리어, 스코티시 테리어, 웨스트 하이랜드 화이트 테리어, 잭 러셀 테리어, 케인 테리어, 폭스 테리어

8. 동물 사냥을 하던 종. 그레이 하운드, 미니어처 닥스훈트, 바셋 하운드, 보르조이, 블러드 하운드, 비글, 아프칸 하운드

9. 퍼그는 입의 선천적인 장애와 유전적 질환으로서 비공협착이 있다. 큰 눈으로 인해 눈병 발생이 잦다. 항시 눈물, 눈곱의 상태나 각막의 투명도에 주의해야 한다. 피부병도 걸리기 쉬우므로 털이나 몸의 손질에 신경 써야 한다.

10. 몰티즈는 기생충 감염으로 인한 외이염에 걸리기 쉽다. 눈병에 걸리기 쉽고 눈언저리의 흰 털이 눈물로 변색되는 경우도 많이 있다. 유전적 질환으로는 면역매개성 혈소판 감소증이 있다. 성견이 되어서도 간질형 발작, 두개골 숫구멍이 막히지 않는 장애, 슬개골 탈구, 저혈당 발작 등의 발생이 알려져 있다.

집필진

김미양

울산과학대학교 호텔조리과 졸업
전, (주)울산고래 대표
현, (협)한국문화교육 이사장
현, 한국문화교육원 대표
현, KFBD 바리스타 심사위원

울산고래빵 개발
동물 관리상담사
동물 매개치료 복지사
반려동물 수제간식 전문가
조리기능사(한식, 양식, 일식, 제과, 제빵)

한미숙

동원과학기술대학교 호텔외식조리과 졸업
원광디지털대학교 한방건강학, 차문화학 학사
현, 토탈 쿠킹공예 아카데미 솜씨 대표
현, (협)한국문화교육 이사
현, 한국문화교육원 창업외식 사업본부장
현, KFBD 바리스타 심사위원

한과,떡 국제대회 농림식품부 장관상 수상
동물 관리상담사
반려동물 수제간식 전문가
조리기능사(한식, 일식, 양식, 중식, 제과, 제빵, 복어)

공민혜

한국방송통신대학교 청소년교육과 졸업
현, (협)한국문화교육 이사
현, 한국문화교육원 교육계발 사업본부장
현, KFBD 바리스타 심사위원

사회복지사2급
타로상담전문가
동물 관리상담사
반려동물 수제간식 전문가

장수지

울산과학대학교 호텔조리과 졸업
전, 이태리레스토랑 조리전담 실무자
현, 한국문화교육원 이태리외식 사업본부장
현, KFBD 바리스타 심사위원

동물 관리상담사
반려동물 수제간식 전문가
조리기능사(한식)

조현정

동의대학교 외식산업경영학과 졸업
전,이태리레스토랑&비건 베이커리 메니져
현, 한국문화교육원 비건외식 사업본부장
현, KFBD 바리스타 심사위원

동물 관리상담사
반려동물 수제간식 전문가
조리기능사(한식,제과,제빵)

저자와의
협의하에
인지를
생략합니다

도전 한 권으로 반려동물 수제간식 정복하기

2021년 9월 05일 1쇄 인쇄
2021년 9월 10일 1쇄 발행

지 은 이 | 김미양 · 한미숙 · 공민혜 · 장수지 · 조현정
발 행 인 | 박희성
발 행 처 | 양림출판사

출판등록 | 2017년 11월 13일 No. 307-2017-68
주 소 | (02831) 서울특별시 성북구 성북로4길 52, 215동 506호
전 화 | 02-762-3322
F A X | 02-762-3323
이 메 일 | yanglim2017@hanmail.net

값 25,000원

ISBN 979-11-89369-29-3 (93520)